U0753667

国家出版基金项目
NATIONAL PUBLICATION FOUNDATION

辛亥著名人物传记丛书

尚明轩 著

廖仲恺

团结出版社
UNITY PRESS

图书在版编目（ＣＩＰ）数据

廖仲恺 / 尚明轩著. -- 北京 ：团结出版社，
2011.1（2021.3 重印）
（辛亥著名人物传记丛书）
ISBN 978-7-5126-0352-3

Ⅰ．①廖… Ⅱ．①尚… Ⅲ．①廖仲恺（1877～1925）
－生平事迹 Ⅳ．①K827=6

中国版本图书馆CIP数据核字(2011)第 073744 号

出　版：团结出版社
　　　　（北京市东城区东皇城根南街 84 号　邮编：100006）
电　话：(010) 65228880　65244790　（出版社）
　　　　(010) 65238766　85113874　65133603（发行部）
　　　　(010) 65133603（邮购）
网　址：http://www.tjpress.com
E-mail：zb65244790@vip.163.com
　　　　tjcbsfxb@163.com（发行部邮购）
经　销：全国新华书店
印　装：三河市东方印刷有限公司

开　本：170mm×240mm　　16 开
印　张：13.75
字　数：179 千字
版　次：2011 年 1 月　　第 1 版
印　次：2021 年 3 月　　第 3 次印刷

书　号：978-7-5126-0352-3
定　价：39.00 元

（版权所属，盗版必究）

辛亥著名人物传记丛书
编辑委员会

顾　　　问：金冲及　章开沅　李文海

主　　　任：修福金

副　主　任：李惠东　王大可　郑大华

执 行 主 编：王大可

执行副主编：唐得阳　梁光玉

编 辑 人 员：赵广宁　唐立馨　傅雪莎

　　　　　　张　阳　郭　强　朱利国

　　　　　　赵晓丽　王海燕

辛亥著名人物传记丛书
总序言

　　整整一百年前，在中国处于半殖民地半封建黑暗统治的时代，爆发了一场对中国历史发展进程产生巨大影响的革命，这就是以伟大的革命先行者孙中山为代表的革命党人发动的辛亥革命。这场革命，是中国近代历史上一次比较完全意义的反帝反封建的民族民主革命，它推翻了清朝政府，结束了中国几千年的封建君主专制制度，同时沉重打击了帝国主义在华侵略势力。中华民国的建立，标志着中国历史进步的新纪元。辛亥革命极大地推动了中华民族的思想解放，为中国先进分子探索救国救民的道路打开了新的视野，八年后，五四运动爆发；十年后，中国共产党诞生。辛亥革命开启的革新开放之门，对于推动中国社会的发展与进步具有不可估量的历史功绩和伟大意义。

　　以孙中山为代表的革命党人，在开启思想闸门、传播先进思想、点燃革命火种、推动历史进步的过程中发挥了重要作用。他们站在时代前列，为追求民族独立和民主自由而向反动势力宣战；他们不惜流血牺牲，站在斗争一线浴血奋战；他们具有坚定的信念和坚强的意志，愈挫愈奋，在失败中不断汲取和凝聚新的力量；他们适应历史发展的趋势，与时俱进，不断修正前进的方向和斗争的目标。正是因为有了这样一批革命先驱和仁人志士，才有了辛亥革命的爆发，也才有了以此为开端的中国民族民主革命的不断发展和最终胜利。当然，我们在分析评价历史人物时，既要看到他们有超越时代的进步性，又要看到他们不可避免地受到社会客观条件影响而具有的局限性与片面性，这是我们在看待历史人物时应当坚持的历史唯物主义态度，也就是既不文过饰非，也不苛求前人。

几十年来，关于辛亥革命及其重要人物的研究工作不断深入，也陆续出版了大量的图书、画册等，但仍然不十分系统和完整，有些出版物受到时代因素和其他客观条件的影响，难免有失偏颇和疏漏。在即将迎来辛亥革命100周年的时刻，团结出版社编辑出版了本套《辛亥著名人物传记丛书》，并得到国家出版基金的资助，这充分表明了国家对于辛亥革命历史研究的重视。这套丛书的出版，无疑是一件非常有意义的事，既可以对辛亥革命的研究工作起到重要的填补空白和补充资料的作用，同时也是对立下丰功伟绩的仁人志士的纪念与缅怀。

为了保证本套丛书的编辑质量，编辑委员会在民革中央的领导下，做了大量认真细致的组织工作，特别是邀请了著名专家金冲及先生、章开沅先生、李文海先生担任顾问，他们在百忙之中分别对本套丛书的编辑思想、人物范围、框架体例、写作要求等方面提出了重要的指导性意见，成为本套丛书能够高质量出版的重要保证。此外，参与本套丛书写作的，都是在近代历史和人物的研究方面卓有建树的专家学者，他们既有对辛亥革命历史进行深入研究的学术功底，又有较丰富的写作经验和较高的文字水平，因此，我们可以寄希望于本套丛书的出版，会对推动辛亥革命及其重要人物研究工作的不断深入起到重要作用，对弘扬爱国主义、提高民族凝聚力，实现中华民族的伟大复兴产生积极的影响。

周铁农

2011年3月16日

目　录

引　言

　　廖仲恺是近代中国伟大的爱国主义者，著名的民主主义革命家和国民党左派的旗帜，是我国近代革命史上的杰出人物之一。

　　20世纪初，青年时期的廖仲恺就踏上由爱国走向革命的征途，他把自己的一生奉献于中国民主革命事业，毕生追随孙中山，为振兴中华而奋斗。他是孙中山的亲密战友，他的革命活动和孙中山对中国革命的伟大贡献密切相连。旧民主主义革命时期，他在孙中山的领导下，怀着满腔的爱国热情，成为中国同盟会的重要骨干，在中国北方发展组织，宣传革命，进行秘密活动，为辛亥革命积蓄力量。在辛亥革命运动高潮中，他担负起广东军政府的财政要职，是位克勤廉洁的理财能手。之后，又积极进行讨伐军阀的斗争，殚精竭虑、出生入死、奋战不止、忠诚不渝，即使身陷囹圄也初衷不改，大义凛然。在新民主主义革命的初期，他在共产国际和中国共产党的影响、推动下，紧跟时代发展的潮流，全力协助孙中山制定"联俄、联共、扶助农工"三大政策，改组国民党，筹建黄埔军校，促成了第一次国共合作。他的一生，无论顺利成功，还是挫折失败，始终紧跟着历史潮流不断前进。"适乎世界之潮流，合乎人群之需要"，是廖仲恺言行发展的特点和优点之一。在革命历程中，他同共产党人李大钊、周恩来、彭湃、冯菊坡、林伯渠、吴玉章、聂荣臻等结下了深厚的情谊，成为"无产阶级的好朋友"。1925年孙中山逝世后，他秉承遗志，全力以赴地贯彻三大革命政策，支持工农群众运动，坚决反对帝国主义、封建军阀和其他反革命派，为完成孙中山的未竟事业一直战斗到生命的最后一息。

廖仲恺还是优秀的政论家和宣传家。他在从事革命斗争的同时，本着救国救民的愿望，积极进行理论宣传活动。早在 1905 年，他曾为同盟会的机关刊物《民报》撰写和翻译有关社会主义的文章，力求对各派的社会主义学说作客观的评介，以供人们进行比较和抉择。他是中国最早介绍马克思、恩格斯的先进人士之一，并参与了中国人首次对社会主义的探索。第一次护法运动前后，他大力阐发和传播孙中山的学说，主张民主革命不能停止步伐，要继续前进。他热情欢呼俄国十月革命的胜利，坚信"前途曙光，必能出人群于黑暗"。他高度赞扬五四爱国运动，认为它是人民争取民主权利的最好方法。1924 年国民党改组后，廖仲恺的思想发展到了一个新的境界，政治上，要求"把国家主权放在四万万同胞手上"；经济上，要求有一个发达的经济基础，并应选择社会主义的发展前途。当然，廖仲恺的世界观与思想体系同科学社会主义是有差别的，对科学的社会主义和社会的阶级构成，对工农在中国革命中的伟大作用，还不可能有充分的、正确的认识。这些不足之处，是主客观各种因素的局限和历史条件所造成，是不应苛求于他的。

　　廖仲恺的一生是革命的、战斗的一生。他努力追求民主共和制度的实现，为开创、建设、捍卫和再造共和制民国进行了不屈不挠的奋斗，毕生为中国近代的民主共和革命事业英勇战斗，贡献了全部智慧和力量。周恩来称廖仲恺是"为反帝国主义运动、革命运动、工农运动而牺牲"的。在中国民主革命，特别是在第一次国内革命战争初期的反帝反封建斗争中，廖仲恺作出了可贵的贡献，建立了不朽的功勋，中国人民将永志不忘。他道德崇高，在无私无畏、一心为国、威武不屈、富贵不淫、廉洁奉公、鲠介不苟、勤劳俭朴、踏实苦干诸方面，均堪称革命者的楷模，永远值得人们怀念和学习。

　　廖仲恺为中国民主革命创下的光辉勋业，以及他在这一奋斗过程中形成的革命思想和所表现出来的精神品格，是中华民族十分宝贵的精神财富，也是鼓舞后人奋发前进的力量源泉。因此，全面地研究和总结廖仲恺的革命实践和革命思想，进一步学习和弘扬其精神遗产，有助于发扬革命精神和爱国主义传统，有助于社会主义精神文明建设，并从而激励人们为实现祖国统一和建设中国特色社会主义强国贡献力量。

廖仲恺

第一章
青少年时代

一、家世述略

　　1877年4月23日（清光绪三年三月初十），廖仲恺出生在美国加利福尼亚州旧金山（三藩市）一个华侨家庭。他比中国近代伟大的民主革命先驱孙中山小11岁。

　　旧金山是一座新兴的海滨城市，它位于加利福尼亚州的北部，西靠太平洋，东部是湾区。该地山峦起伏，风光旖旎，气候宜人。在廖仲恺出生前30年，旧金山一带一片荒芜，杂草丛生，遍地荆棘，人迹罕至，隶属于墨西哥。1848年，这里以及整个加利福尼亚州才归属美国。恰好这时，在旧金山一带发现了丰富的金矿，被华侨称为"金山"，从而掀起疯狂的"淘金热"。人们从陆路、海路蜂拥而至，在荒岛上搭起了一座座简陋的帐篷。在短短的30年中，这里由帐篷变为屋宇，由市井变为城市，进而商贾云集，市场繁荣，旧金山飞速发展起来。

　　此时，美国当局在以"开发"为名，掠夺中南美洲的过程中，急需大批劳动力。他们除了驱使黑人、印第安人从事苦役外，又在中国沿海各通商口岸设立所谓招收"契约华工"的招工所，并派出大批经纪人到中国来网罗青壮年男子卖"猪仔"（被拐卖到美国从事奴隶劳动的华工）。经纪人以香港、澳门为基地，通过一些洋行在中国沿海各地"招募"华工。人贩子使用了利诱、诓骗、威胁以至暴力等卑鄙手段，千方百计地把中国劳工拐骗、绑架出国。这样，从万里外的中国广东、福建一带漂洋过海来的大批华工，为旧金山的繁荣和整个加利福尼亚地区的开发，提供了大量廉价的劳动力。

　　据赴美国参观浏览的清朝官吏李圭的记述，在1876年，即廖仲恺出生前一年，"华人在美男女约16万余口，居三藩城者约4万人，居卡（加省别城者约 10 万人，余皆散处腹地各属"。他们从事建筑铁路、淘金、治理涝注地、建造堤堰等最为繁重和艰苦的工作，而且表现出色，是非常好的劳工。应该说，这一地区的开发，凝聚着许多华工的血汗和生命，华工为该地区的繁荣兴旺作出了极为显著和不可磨灭的贡献。1877 年 2 月 27 日《美国第 44 届国会参众两院调查华人入境问题联合特别委员会报告书》的"前言"承认："加利福尼亚和太平洋岸的资源曾经由于得到中国人的廉价劳动力而获得比没有这一因素更为迅速的发展。就物质繁荣而论，毫无疑问，太平洋是最大的受惠者。资本家因为有了华工而大获其利。这是确确实实的。……中国人入境的后果是大大增进了太平洋北岸（即美国西岸）的物质繁荣。"美国加利福尼亚州最高法院法官所罗门·海登菲尔特，在美国国会参众两院特别委员会举行的听证会上作证说："我认为加利福尼亚州的繁荣兴旺实在应当归功于来到此地的中国人所付出的辛勤劳动。我认为如果没有他们，我们的港口就不会有那么多的船，我们的土地上不会有那些四通八达、穿山越岭的铁路，我们大概会因为没有他们而落后许多年。"（陈翰笙主编：《华工出国史料》第三辑，中华书局 1981 年版，第 239—240 页）正由于众多华工"胼手胝足，使一片荒芜土地，于极短时间，成为富庶之农业区。华人之贡献，可谓大矣！"

廖仲恺原名恩煦，亦名夷白，仲恺是他的字，笔名屠富、渊实、微尘等。廖仲恺的祖籍在何地呢？根据《惠阳廖氏家谱》记载：元、明之间，廖仲恺的祖先从福建上杭迁至广东兴宁立业；到明代中叶，兴宁廖家的一支由兴宁又迁居归善县鸭子埗乡窑前村（今惠州市惠城区陈江镇幸福村），成为惠阳廖氏的始祖。廖氏系客家人。所谓客家人，顾名思义，即非本地土著人。一般泛指在 4 世纪初（西晋末年）、9 世纪末（唐朝末年）和 13 世纪初（两宋之间）这三次中国历史上因战乱从黄河流域大规模迁徙到南方，定居于闽粤赣毗邻地区的汉人家族。由于这些地区交通闭塞，相对安定，使数以万计的客家先民能在战乱中得以生息发展，并形成固定群体——客家民系。客家话一直保留有较多的汉语古音。他们迁至南方后，继续沿袭着北方的许多习俗，与当地的原有居民有明显的差异。客家作为汉民族内的一个特定方言群体，总体上是北方汉族人民南迁的产物。由于他们多迁居于重山叠岭之间，辟林垦荒，艰苦创业，世代相传，故多富有刻苦耐劳、筚路蓝缕的奋斗精神。客家人为在地方上取得受人尊重的社会地位，不论贫富都特别看重读书，崇尚文化教育，以求在社会上为人所尊重。

归善县窑前村位于广东省的偏东南部，地处粤东地区鸭子埗乡的北部。从香港经深圳往东北方向行约 80 公里，或者从广州往东北行约 130 公里，便到了著名的千年古城惠州。从惠州南行约 30 公里左右即到窑前村。该村依山建筑，是个很小的自然村落，不过一二十户人家、几十口人。廖仲恺的祖父廖景昌，原是以耕田务农为业，后来到香港，改为从事经商。他娶妻杨氏（1884 年在美国病逝），生有二子，长子名竹宾，次子名维杰。

廖仲恺的父亲廖竹宾，早年在香港圣保罗书院读书，颇通英语，亦精汉文。他在圣保罗书院毕业后，便进入香港汇丰银行工作。香港汇丰银行于 1865 年开始在美国发展商业，初期只是由代理商负责处理业务，1895 年才正式在三藩市开设分行。廖竹宾娶妻梁氏，1863 年生长子恩焘（即廖仲恺的胞兄）。在廖恩焘 9 岁那年（1891 年或 1892 年），廖竹宾被调往美国三藩市，协助处理汇丰银行在美国的商务，于是举家迁往美国。几年间，廖竹宾在美国的事业获得相当的发展，曾担任过汇丰银行三藩市分行的副经理等职务，他已成为旧金山华侨中很有社会地位的侨商，颇受侨胞的爱戴，并在当地娶了一位妾侍；还曾先后出面协助筹款兴建为华人治病的医院，因而被当地报刊《唐番公报》《萃记华美新报》报道，并获赞扬。廖仲恺出生时，廖竹宾的"家基富有"，家景相当富裕，属于"上流"社会的银行职员家庭。

童年时代的廖仲恺

廖仲恺的叔父廖维杰，又名志岗，字紫珊。他通晓洋务，是清朝洋务官员，曾担任过香港招商局总办和电报局总办等要职。他有一妻六妾，9个儿子18个女儿，家境富有。

廖仲恺同胞兄弟和妹妹四人，他排行第二。哥哥廖恩焘，字凤舒，号忏庵。9岁随父母赴美后，在三藩市攻读英文。1879年返回中国，经当时在汕头任招商局总办的叔父廖维杰介绍，入东莞籍举人陈伯陶在澄海县所设的专馆攻读，研习国学，后考中秀才功名。1887年，通过叔父廖维杰的关系，他开始参加外交工作。晚清和民国初期，历任驻古巴、朝鲜、日本等国领事、总领事、代办，至1933年退休。1954年在香港病逝。妹妹廖静仪（1879—1964年），与廖仲恺一起在美国长大，后又一起归国，兄妹感情融洽。她回国后嫁入黄姓人家，后在香港病逝。另有一个异母弟廖恩勋（1895—196？年），是廖竹宾的遗腹子，从小由叔父抚养，同廖仲恺关系不密切，20世纪60年代在广州去世。

廖仲恺20岁时，即1897年（清光绪二十三年）的10月底，他与香港富商之女何香凝在广州结婚。婚后情投意合，志趣相同。在以后几十年的战斗岁月中，彼此相濡以沫，互相扶持、砥砺和促进，感情弥笃，生死不渝。何香凝在廖仲恺遇难后，还坚定地继承廖仲恺的遗志和未竟事业，并作出了杰出贡献。他们之间充满着的无数感人的深厚情谊，不仅在近代革命史上，而且在近代社会史上都有突出的地位，是新型的夫妇关系与新型家庭关系的楷模。

廖仲恺的女儿廖梦醒，1904年2月4日出生于香港。她早年追随孙中山，1924年加入中国国民党。1931年加入中国共产党。抗日战争爆发后在上海参加中国妇女抗敌后援会工作，并参与筹建保卫中国同盟，担任宋庆龄的秘书。解放战争时期在上海从事地下工作。中华人民共和国成立后，历任全国妇联国际联络部副部长、中国人民保卫世界和平委员会理事、中日友好协会理事等职，1988年1月7日在北京病逝。

廖仲恺的儿子廖承志，1908年9月23日出生于日本东京，曾化名何柳华。1925年加入中国国民党。1928年加入中国共产党。1929年受中共领导人瞿秋白委派任德国汉堡海员俱乐部党支委、书记等职，参加反帝大同盟的工作。1932年初回国，在上海任中华全国总工会宣传部部长、全国海员总工会党团书记。1933年8月参加中国工农红军，任川陕苏区工会宣传部部长。次年任红四方面军总政治部秘书长，参加长征。1937年国共两党二次合作后，受中共中央派遣先后在上海、香港八路军办事处任负责人。后历任中共晋冀鲁豫中央局宣传部部长、中共中央宣传部副部长、新华社社长等职。曾两次被国民党逮捕入狱。中华人民共和国成立后任中共中央统战部副部长、中央对外联络部副部长、青年团中央书记处书记、全国人大常委会副委员长、中共中央政治局委员等职。1983年6月10日在北京病逝。

廖承志的夫人经普椿系国民党元老经亨颐之女，曾任全国政协委员等职。

廖仲恺有孙子孙女7人：廖坚、廖晖、廖茗、廖淳、廖菁、廖钧、廖扬。外孙女1人：李湄。长孙廖晖现任全国政协副主席。

廖仲恺出生的19世纪70年代，正值帝国主义列强争先恐后地扑向中国，疯狂地进行掠夺之时。中国一步步地向半封建半殖民地社会的深渊沉沦，中华民族的生死存亡处在千钧一发的危急关头。亡国灭种的严重威胁，促使一切爱国的志士仁人为了祖国的独立、民主和富强，进行着接连不断的寻觅和抗争，以挽救国家和民族的危亡。灾难深重的祖国大地上风雷激荡。远离祖国身处异国他乡的整个华侨社会也遭受了无数屈辱和苦难。廖仲恺身在其中，心灵刻上了难以磨灭的烙印。这样的社会环境和时代潮流，逐渐影响并推动着他日后的成长。

二、"我们是中国人"

在美国的众多华工，用自己的血汗浇灌了旧金山和整个加利福尼亚州的繁荣之花，为资本家创造了高额利润。可是，美国当局却对华工恩将仇报，不断地掀起打击和迫害华工的恶浪，使华工所得到的竟是充满了血腥气味的种族歧视。

当时，中国正处在清政府的腐朽统治之下，国家十分孱弱，广大侨居海外的华侨和华工没有强大的祖国做后盾，得不到本国政府应有的保护，处境比其他国家的工人、移民更为悲惨。在加利福尼亚州，华工的工资远远低于那些来自欧洲的移民，还有名目繁多的苛捐杂税，如入境人头税、外籍矿工执照税、海关税、治安税，等等，华工去世后尸体运回中国，也得交纳死尸税。他们没有任何政治权利，子女不得进入白人学校就学，病人不能到白人开设的医院就医，连人身安全也得不到起码的保障，随时都有可能被逮捕、驱逐和残杀。实际上，他们几乎处于奴隶一般的地位，备受欺凌侮辱，像黑人、印第安人一样受到种族歧视、政治压迫和经济剥削，过着"欲饮无浆，欲饭无粮，霜欺雪虐，风雨彷徨"的苦难日子。

随着美国北太平洋铁路修建竣工，西部开发工作大体完成，导致部分工人失业。在政客和资本家的煽动下，美国的排华风潮开始蔓延。早在廖仲恺出生前10多年，美国的白人种族主义者就大力推行在政治与经济上歧视、侮辱华工的政策。1873年，美国爆发严重的经济危机，工厂倒闭，大批工人失业，萧条持续达5年之久。美国资本家为了摆脱困境，转移国内阶级斗争目标，掀起了排斥华工的风潮。他们中的一部分人加紧煽动种族主义情绪，以极其卑劣的手段掀起了驱赶华工的运动。他们以最污秽的语言来谩骂中国人，胡说中国是低劣的民族，叫嚣华工进入美国是制造了"黄色的威胁"，美国工人失业是由于华工竞争所致，恶意挑拨美国工人与华工的关系，到处煽动美国人制造排华事件，迫害华工之事时有所闻。到廖仲恺出生时，他家侨居的旧金山一带成了美国排华罪恶活动最为猖獗的地区之一。在旧金山，成群结队的美国流氓、无赖之徒到处寻衅，在街道上随意投掷石子、砖块、泥巴等物，袭击手无寸铁的华人，或拳打脚踢，用鞭抽打；他们包围华人的居住区，放火焚烧华工的房舍，将华人从城区赶走，甚至将中国人残酷杀害，致使华人的财产和生命安全毫无保障。驱逐、袭击、屠杀、迫害华工华侨，捣毁、焚烧华人财产的惨案几乎到处都有，充满着排华风潮的恐怖。

廖仲恺的整个幼年、童年和少年时代，就是在这凶险的排华声浪与暴行日益严重的环境下度过的。

1877年7月24日，廖仲恺出生刚满3个月时，旧金山的华人居住地就遭到白人流氓、暴徒的一次大规模袭击。当天，有几百名白人在旧金山游荡，见到华人就打。华人洗衣馆被烧，华人妇女被强奸。在随后两年，美国联邦政府和加利福尼亚州议会连续出笼了一个个排华方案，并制定了许多排华律例。比如，明令华人不许在美国法庭出庭做证人；严禁各公司雇用华工；规定华人的工资最多不能超出白人的三分之二；规定华人的洗衣店要交纳的税额是白人同行业的五倍；等等。总之，想尽办法苛待中国人，必欲驱逐务尽而后快。

廖仲恺从童年懂事时起，就不断地从父母口中听到许多关于华工华侨遭受歧视和迫害的惨事。年纪稍大，他又亲眼看到一些华人、华工遭受美国白人的嘲笑和戏弄，比如他们辱骂华工为"yellow dog（黄狗）""China Pig（中国猪）"；白人流氓经常以石块、木棒等凶器袭击中国人；中国妇女挑的洗衣篮子无故被白人踢翻、踩烂；以及中国儿童被美国富人的孩子欺凌和殴打；等等。1889 年，廖仲恺 12 岁时，又目睹了旧金山美国当局借口"唐人街"污秽不洁，派出警察进行骚扰，故意制造事端，以殴打、拘禁、驱逐等手段逼令中国人迁徙别处的情景。美国白人种族主义者这一件件、一桩桩强盗般的野蛮行径，一次又一次沉重地锤击着廖仲恺幼小的心灵。中国人在外国侨居和做工的悲惨遭遇在他的心灵中投下了浓厚的阴影。当时，廖仲恺非常难过，也无比愤慨。帝国主义的凶残，祖国的孱弱，清政府的怯懦、腐败，在廖仲恺心中留下了深刻的印象，对外国人迫害自己同胞的怨恨逐渐形成，爱国思想开始萌发，幼小的心中开始出现了要为振兴中华出力的憧憬。

他为了宣泄心中的怒火，决定对美国白人进行报复，曾多次利用一年一度的美国独立节允许燃放爆竹的机会，趁美国警察不注意时，机智地把燃着的鞭炮故意甩到他们身上，惊吓他们。

幼年的廖仲恺，一度"顽劣非常，不乐读书"，却又是个聪明而又勇敢的孩子。他童年时，有一次在高楼的平台上做游戏，不慎从平台上掉下，他却在十分危险的情况下，机智地用脚钩着百叶窗，倒悬着，紧紧地贴着墙不动。大人们闻讯跑过来，才把他抱回屋中。廖梦醒在追忆父亲的一篇文章中，谈到廖仲恺童年的轶事时，生动地描述说：

"父亲八九岁时，随着祖父住在第五层的楼上。有一天，父亲在祖母身边的窗口边玩耍，祖母忽然不见了父亲，觉得很奇怪，以为父亲跌落楼下去了，大惊失色，从窗口望下，街上并无异状，于是动员全家找，发现父亲确实已从窗口跌出，却只凭一只脚钩在百叶窗上，倒悬空中，保存了性命……"（《新华日报》副刊《青年生活》第 88 期，1944 年 8 月 20 日）

1885 年廖仲恺八岁时，第一所华人学校在旧金山开办，廖仲恺开始进校读书。这所华人学校，从国内聘请了一些秀才、举人在这里执教。学校的课程虽然有不少与美国同类学校相似的内容，但是，居中心地位的，仍旧是"四书""五经"等古代儒家经典著作。

廖仲恺的父亲廖竹宾由于寄人篱下，备受歧视侮辱之苦，对于美国华工的苦难更是永远不能忘怀，所以虽然羁旅海外，却是系念桑梓、心怀故国，在生活习俗上始终保持着中国士绅固有的传统，生活言行完全一派中国人的古风遗韵。他在教育后代方面抓得很紧，想尽办法让儿子受到良好的教育，特别是要对中国的圣贤之书获得明彻的了解，更不要忘记祖国的文字，不要忘记自己是中国人。他主张"以国学为先"，要年少的廖仲恺每天下午 5 时至 8 时，到陈馨甫在华人区开办的国学专馆攻读唐诗和古文等科目，因而廖仲恺得以同时掌握了汉、英两种语文的基础知识，并初步学会了作诗、填词。

在日常生活中，廖竹宾还经常勉励儿子要爱国爱乡，做一个努力学好祖国文化的中国人。他常常对自己的孩子说："我们虽然是住在美国，应该学习美国的文字，但我们不能忘记我们是中国人，对于祖先的文字更应该学习精通。"又说："祖国是每个人灵魂和生命所寄托的，灵魂没有寄托的人，生命没有寄托的人，就像树叶离开树枝一样，失去了营养的供给，便会焦枯而死的。所以我们要爱护自己的祖国，就像爱护我们自己的灵魂，自己的生命一样。能够不忘记祖国，不忘记祖国的文字，这就是爱护我们祖国的第一个条件。"（程途著：《廖仲恺》，正中书局1936年版，第3页）

当廖仲恺被美国孩子欺侮的时候，他的父亲感到十分痛心。廖竹宾深叹清政府的孱弱，不能保护寄居国外的侨胞。他希冀廖仲恺有机会为祖国服务，帮助中国达到富强的地步。

廖竹宾炽热的爱国言行，对于廖仲恺有着极大的启蒙和教育作用，特别是父亲所强调的"我们是中国人"这句话，在他的心灵上更留下了难以磨灭的烙痕！

"我们是中国人！"这一句廖竹宾经常念叨的话，有着千钧的分量，它确是有着十分沉重的内涵，包容着深厚的酸辛苦辣的滋味。在19世纪和20世纪相交的岁月里，没有任何人能比那些在遥远的异国他乡含辛茹

16岁时回国前的廖仲恺

苦生息操劳着、苦难挣扎着的炎黄游子，体会得更深、更重！在远离祖国的异乡度过童年和少年时代的廖仲恺，也同样有着十分深刻的感受。

总之，良好的家庭教育和中国儒家文化的熏陶，给了廖仲恺深刻的影响，使他从小就懂得了爱国爱乡的含义，他的爱乡思想因此得以较早萌发。当时中国深重民族危机的刺激和美国种族歧视与迫害的社会境遇，激发了廖仲恺的爱国热忱，他深深地感到"富国强兵"的重要和必要。从此，他幼小的心灵里开始萌发了将来要为从危机中拯救祖国而贡献一份力量的理想。

廖仲恺不负其父所望，在旧金山的近 10 年中，他学习日益勤奋，十分用功，尤其认真攻读中文，从而在西学和国学两方面，尤其在书法和古代诗词上都打下了初步的功底。廖仲恺后来在诗、词、文章和书法之所以有较深的造诣，与这时奠定的基础很有关系。

三、从"国学"转向"西学"

1894 年，在廖仲恺正举步迈进青年时代之际，他的家庭发生了一场重大的变故——他的父亲突然病逝，这使他的家庭生活失去了支柱。不久，他的母亲因忧伤过度，也病倒在床。为了将父亲的灵柩护送回国安葬，使母亲在故乡能得到慰藉与依靠，也为了让自己返归日夜向往而又从没有见到过的祖国，廖仲恺陪伴母亲和弟弟妹妹离开美国，结束侨居异国的生活，踏上了返回祖国的征程。

一声汽笛长鸣，开往香港的汽轮缓缓驶出旧金山海岸，向北驶入金门海峡，迎着滚滚波涛，航向太平洋彼岸的祖国。在归国途中，廖仲恺守护着父亲的灵柩，眼望着面容憔悴的母亲，格外牵动游子的遐想。他回想起父亲坎坷的一生，想到自己在异国度过 17 个春秋的不平岁月和今后的人生，忽然感到"人生独立问题活现眼底"。他朦胧地意识到，自己虽然年少，今后势将要挑起生活的重担，独立探索人生的道路，不禁心潮起伏、感慨万千！

廖仲恺乘坐的汽轮抵达香港后，在天星码头靠岸时，他怎么也想不到"在码头上看到英帝国主义殖民警察殴打中国的码头搬运工人"的惨事，心里益觉气愤不平。甫抵国门，竟亲眼看到在自己的国土上，自己的同胞被殖民者的鹰犬殴打的耻辱之事。他痛心之余，进一步感到祖国富国强兵之必要，也更加坚定了自己求学报国的雄心大志，在心中产生了将来"怎样使中国富强起来的愿望"。

廖仲恺一家人在香港稍作停留，便换乘另一条船到达广州，然后从陆路平安返回故乡窖前村，寄住在叔父廖维杰家里。刚刚安顿下来，他的母亲梁氏就病势加重，不久也离开了人世。廖仲恺在悲痛之余，面对自己完全陌生的家乡，他和弟弟妹妹在生活上的一切只好仰仗和依赖叔父安排了。

廖维杰在当地有一定的地位和名望，他是继承祖辈遗训，从古书堆中爬到官场的。所以，他对这个父母双亡的侄子所寄予的希望，便是沿着自己走过的这条"学而优则仕"的旧路走下去。

在旧金山时，廖仲恺已初涉国学。这时，他也认为经史策论的学习，可以打开祖国文化珍宝的大门，并可步入科举入仕之途，从而光宗耀祖。所以，便立志步叔父的后尘，进入家乡的私塾，拜塾师梁缉为师，刻苦攻读"四书""五经"，研究经史策论之学，以备应考科举。当时，他"意气扬扬，欲在科场中占一席。入大馆，从梁缉游，鸡鸣而起，孜孜研究经史策论之学"。

在此后的几年中，由于廖仲恺勤奋好学，如饥似渴地努力研读，学习的收获比过去任何时候都要多，从而奠定了较为深厚的国学基础。

正当廖仲恺刻苦攻读国学之时，1895年春夏之交，北方传来了甲午战争惨败、清政府与日本签订屈辱的《马关条约》的消息，从而掀起了帝国主义瓜分中国的恶浪。面对国家危亡险境，慷慨爱国之士奔走呼号，群起寻谋保国救亡之策。以"学外国"、采撷西方文明果实为中心的维新思潮，正在发展为维新运动。这年5月2日，广东举人康有为、梁启超等人在北京发起"公车上书"，提出拒和、迁都、变法三项建议。接着，康有为在北京组织强学会，在上海组织强学会分会，维新变法运动高涨起来，很快波及到了广州。同年12月，身为清政府工部主事的康有为回到广州，讲学于广州府学宫万木草堂。之后，"康门子弟"又意气激荡地开展了宣传鼓吹活动。这一切，给了与广州近在咫尺的廖仲恺以很深的影响。

特别是康有为所提出的"今天下之士皆通西学"的主张，在廖仲恺的胸中产生了强烈共鸣。他回思在海外17年的生涯中所获得的切身感受，美国西部资本主义突飞猛进发展的景象，与回国后所面临的备受外人欺凌及遍及各地满目疮痍的黑暗现实，形成了鲜明的对比。正在思考与探索人生之路的廖仲恺很快就发现，在"四书""五经"中是找不到改造中国和改变这个腐朽社会的良方的。他逐渐觉察到，在深重的民族灾难面前，旧学是束手无策的。因此，旧学对他的魅力便日益减退。凭着他少年时代在美国居留期间对西方资产阶级文化的初步接触和感受，现在又经过康有为的大声疾呼，加上他自己返国以来学习和生活的实践，使他很快省悟到，单纯研习国学不足以救国，开始"渐觉其途径之非"，中国要自立自强，必须学习西方、走西方国家的路。于是，他放弃了孜孜研读"国学"以应科考的道路，准备继续攻读英语作为学习西学拯救中国的手段，便向叔父提出赴香港转攻"西学"的请求。

1896年，在叔父廖维杰的支持和帮助下，19岁的廖仲恺离别窑前村，到了较为开通的十里洋场香港，进入该地英国当局所开办的皇仁书院

（Queen's College）改习"西学"。

皇仁书院创办于1862年，原名中央书院（Central School），1889年改称维多利亚书院（Victoria College），1894年改称皇仁书院。这是一所中等学校，由于受到港英总督的重视，师资力量和教学设备都是一流的，在香港可算作佼佼者。该校由于广泛招收英、美等国以及侨居中国内地和香港的他国中产阶级子弟，因而思想活跃，名人辈出。1884年至1886年，孙中山便在这里就读了两年半。组织革命小团体辅仁文社的谢缵泰，以及清末推行洋务、维新的一些重要人物，如梁启超、胡礼垣、梁敦彦等，都出身该校。

皇仁书院相当良好的教学环境，促使廖仲恺更加勤奋学习、刻苦上进，如饥似渴地阅读富国强兵的中外文新学书籍，学业上进步很快。后来与廖仲恺一起到日本留学的关乾甫追忆说，廖仲恺一到香港，前后如出二人，精勤苦学，各书无所不窥。四五年后，所学如宿儒，诗词文艺无所不精妙，并旁及美术，字尤秀雅，并喜研究维新革命文书。仅就英语而论，他已经能够熟练掌握，除去听课、会话之外，还能够流利地阅读英文书报，用英文写作。后来廖仲恺在自述中说："英文之进步，得之于侨美者少，得之于香港者多。"也正是在这座完全按照英国模式建立起来的中等学校，他首次较为系统地接受了"西学"的教育。

廖仲恺在皇仁书院学习期间，国内资产阶级维新运动正在逐步走向高涨。据不完全统计，在1895年至1898年，各地创办的学会组织有70多个，新式学堂50多所，书刊、书局近百家之多。这些学会、学堂、报刊、书局都致力于变法思想的宣传、西学的介绍，从而有力地促进了维新变法思想的传播。维新运动风靡全国，维新派政治力量也日益壮大。当时，人们把西学看成西方"政治之本，富强之由"，西学受到人们真诚而热烈的欢迎。这一风气，给正在努力学习西学的廖仲恺以很大鼓舞，他更加专心致志地直接攻读原著，在课堂上认真地听取教师系统的讲授，因而他的学习效果更为明显，进步很快，成绩斐然。

廖仲恺转到香港学习的几年间，不仅较为系统地受到了西方资产阶级文化的教育和训练，而且由于香港风气开通，新闻传播发达，使其比之在简陋闭塞的窑前村塾馆时大开了眼界并增长了见识，为以后的成长和发展打下了更为坚实的基础。

四、"天足缘"巧合天成

1897 年（清光绪二十三年），廖仲恺 20 岁时已经成长为风华正茂的翩翩书生。就在这年的 10 月底，经叔父廖维杰的安排与媒妁的介绍，他与何香凝在广州结为夫妻。

何香凝原名谏，又名瑞谏，别名双清楼主，广东省南海县棉村乡（今划归广州市芳村区东漖镇海南村）人，比廖仲恺小一岁多，1878 年 6 月 27 日出生于香港。何香凝的父亲何炳桓，出身于农家，早年在香港开办小杂货店营生，待资本较丰后，又开设祥安茶行，兼营地产，慢慢地由"小商"而变为"中商"，再进一步成为"富商"，创立了颇大的家业，成为香港一个相当大的资产家、地产家。

何香凝是在香港这个新兴的东亚海港城市成长起来的，由于处于交游甚广的富商家庭和风气开通的资本主义社会环境中，很早就已受到欧风美雨的冲刷，加上她家境优越闲适，一直被父母与全家视为掌上明珠，自幼便性格开朗、见多识广、敢说敢做，具有争强好胜的犟脾气，常常表现出长辈无法驾驭的任性。她又勇于破除迷信，不相信看相算命的胡说，与一般传统封建家庭的名门千金有所不同，也不像是一位"依栖母亲膝下的弱女"。

何香凝童年时就对"逸乐"生活没有兴致，而是爱好读书求知，但在封建家庭里，父母是不主张女孩子读书的。何炳桓是个半新半旧的人，欧洲的文明虽说对他有某些影响，但所接受的基本上还是传统的遗训。他尊奉封建遗风，认为"女子无才便是德"，相信将"女孩子送进私塾会夺走男孩子的聪明"，对女儿读书很不热心。他禁止女儿们到男孩子们的"专馆"读书，仅送她们进另办的"女书馆"（师生都是女性）读了两年，接受了一些"子曰诗云"的传统儒家思想教育之后，就不许再读了。何香凝多次请求进入邻近的"女塾馆"，始终没有得到许可。迫不得已，只能在闺阁中暗中摸索，发愤自学，遇到不懂的字，就叫女仆人到私塾教师处去请教，冲破重重阻力，争取读书识字，并接触到一些资产阶级维新派宣传的妇女解放等新知识。

何香凝幼年时，就喜欢听亲戚和长辈们讲述太平天国反清斗争的事迹，尤其是不少关于太平天国女兵的战斗故事，逐渐滋育了她的反对封建束缚的思想，憧憬着自己将来能学太平军中的女英雄，凭借一双天足走遍天下。当时维新派鼓吹的改革封建陋俗，倡导树立妇女不缠足的社会新风尚的维新之风，对她起了一定的作用。何香凝于是下定决心，无论如何不缠足。

在家人为她缠足期间，她每天晚上都用剪刀剪掉缠足布。剪刀被大人收去后，她就设法再找一把来，"藏在祖先的祭坛香炉下面"，等到夜深人静时再将缠足布剪去。再缠再剪，始终不屈。经过"好几十个回合"的反抗，大人们对这个倔强的女儿实在没有办法。最后，终因何香凝姐妹多（有兄弟姐妹12人，3个兄弟，9个姐妹，何香凝排行第九），父母也就只好"叹了一口气，网开一面"，由她去了。何家的千金小姐，居然要长一双大脚，这在当时是件不可思议的大事！

廖仲恺与何香凝素不相识，他俩的姻缘结合，可谓"天作"的巧合。原来，居住在闽、粤一带的客家妇女，一直保持着天足的习惯。这是由于客家人大都依山居住，深壑断崖和羊肠小道，三寸金莲无法举足；同时，客家妇女大都直接从事农田耕作，无论耕稼收获、纺纱织布、挑运货物等样样都干，常常是农事与家政的主要承担者，终年劳作不断，这一切都离不开天足。正因如此，在封建社会汉族女子被当作玩物而产生的最野蛮、最愚昧的缠足陋习，在客家人中素来沾染甚少。而当时的维新运动，则从"储人才、强国本"的高度，揭示了革除缠足等陋习的社会意义，并通过各地出现的戒缠足会等团体，公开倡导人们与不缠足的女人通婚，这就给客家的旧传统注入了新的时代内容。

廖仲恺的父亲廖竹宾是客家后代，一直不忘祖辈的习惯和乡规，认为客家妇女勤劳刻苦、俭朴坚毅的美德，和她们的天足密不可分。他亲身经历过旅美华侨所遭受的种种歧视，深知小脚女人是中国的一种耻辱，所以在重病期间曾给后人留下两条遗嘱："第一，根据客家的规矩，儿子必须讨个大脚妇女作媳妇；第二，小脚女人在外国被人看不起。因此，必须照办。"（《廖承志文集》编辑办公室编：《廖承志文集》（下卷），人民出版社1990年版，第563页）加上廖仲恺对于维新志士所宣传的革除缠足陋习也有共鸣，意识到父亲留下的娶"大脚小姐"为媳妇的遗训，实有着改革社会风气的意义。因此，他明确宣布："不喜欢缠足的女子，非要找一个大脚的妻子不可。"可是，在19世纪末，中国的汉族妇女几乎都缠着小脚，社会上见不到多少大脚妇女，尤其在上层社会里，更难找到不缠足的大家闺秀。

天下事真是无巧不成书。正为着女儿脚大难找婆家而忧心忡忡的何家，听到有人到处宣扬要讨一个没有裹过脚的人做妻子时，便满怀高兴地"没有经过繁多的手续"便答应了。这一"天足缘"，真可谓"巧合天成"。他们的儿子廖承志后来在评论父母亲的婚姻时，非常风趣地描述说：

"外祖父恰恰听到有人到处敲锣打鼓似地要讨一个没有裹过小脚的人

作媳妇，那可不正好？于是他俩没有经过繁多的手续，顺利地结了婚。我父亲和母亲来不及享受自由恋爱之福，但是却省掉了许多麻烦。"（《廖承志文集》（下卷），第563页）

廖仲恺与何香凝的结合，基本上是按照古老的传统习俗进行的旧式婚姻。旅美华侨之子匹配香港富商之女，可以说是"门当户对"。日本学者有人认为：这为"凭父母之命，媒妁之言"的传统婚姻，实在是代表了"香港富商和广州官僚"的政治联盟。但是，一结婚，他们便发现两个人志趣完全相投，彼此敬爱，相互体贴，感情十分融洽。

何香凝没有廖仲恺那样良好的学习条件，可是她喜欢读书求知，一直想尽办法寻找书籍自学苦读。结婚以后，廖仲恺想方设法搜罗各种新学书刊，指点她阅读，细心为她讲解疑难之处，满足了何香凝求知的愿望。有着美术业余爱好的廖仲恺，在读书的同时"常常到画家伍乙庄处学习"绘画，回到家里就耐心地把学的知识传授给妻子，故而何香凝对绘画也产生了兴趣，"她的绘事是从此开始的"。襟怀宽阔的何香凝克己为人，对自己要求很严格，日常饮食浆洗等事有陪嫁丫头料理，她没有太重的家务负担，便将全部精力用以照顾丈夫的生活，使好学的廖仲恺能够专心致志地学习。正是由于有妻子的贤惠照料和经济资助，廖仲恺才得以完成在皇仁学院的学业。

廖仲恺和妻子二人都羡慕太平天国的革命人物，都有求知的渴望和研习西学的热情，都追求新的有意义的生活，都热爱绘画和学习诗词；又经常一起海阔天空地议论时政，志趣完全相同，情投意合，的确是美满的、天造地设的好伴侣。

廖仲恺与何香凝结婚时，他们经济上还不能独立，只好寄居在哥哥廖恩焘家中。在南国羊城珠江南岸（广州人习惯称为"河南"）的三官庙附近，有一幢砖木结构的米黄色两层小楼房（今属广州市南华西路龙溪新街42号），是廖恩焘的家。起初，他们住在楼下一间屋子中。不久，为躲避侄儿和侄女的嬉笑打扰和减少妯娌间的矛盾，就把屋顶晒台上的破屋修整一下作为"新房"搬到上面住了。这间房子虽然矮小简陋，但因为它独居高处，所以完全不受楼下喧闹的干扰。他们白天在这里研读诗文、谈论时局，夜晚一起观赏洁净明澈的月色。每逢皓月当空，清光射向斗室，他们便产生"人月双清"之感。何香凝触景生情，写下了"愿年年此夜，人月双清"的诗句。他俩自得其乐，为了纪念这种既可读书又便于赏月的清静惬意的读书环境，特地把这间小屋命名为"双清楼"，取的是"人月双清"的意思。在这个小天地里，他们夫妻感情十分融洽，几乎整天厮守在一起，情好至笃，生活很甜蜜。他们在"双清楼"上共同居住了四五年之久，直到1903年去日本。

"人月双清"，展示的是一种清净高洁的美好境界，它反映了这对新婚夫妇高尚的情操。在他们此后漫长的革命历程中，可以充分反映出这两位楼主不是取此室名以标榜自己的清高，而是用来砥砺自己去身体力行。正因为如此，他们对这个室名十分珍视，以后数十年居处虽然屡迁，华陋不一，但这个室名始终未改。廖仲恺把自己的诗词集取名为《双清词草》，何香凝作画自称"双清楼主"，并将其诗画集命名为《双清诗画集》。"双清楼"成为这对夫妻开始新生活的历史见证。

特别值得提出的是，在这对夫妇的婚姻中，存在一些新的因素：他们是因"天足缘"而结合的，有别于旧式婚姻在这方面所要求的择偶条件；他们都关注祖国的命运，具有爱国的赤诚之情；当时的维新思想，对他们有着共同的影响。正是由于这些新的因素，使他们能够冲破旧式婚姻中的夫妇关系，走出旧制度的藩篱。他们平等相待、互相尊重，在婚后不久就显露出新的风格和面貌，并在此后的共同生活中，由夫妇发展为同志、战友，成为新型的夫妻关系和家庭关系。这种变化对近代中国的婚姻和家庭形态的演变，在一定意义上可以说是起了方向性、引导性的作用。

在廖仲恺与何香凝结婚之际，正值东西方各帝国主义列强掀起瓜分中国狂潮之时，古老的中华民族面临着亡国灭种之祸。1898年，资产阶级改良派为了救亡图存而发动的戊戌变法，在顽固派的镇压之下迅速失败。1900年，义和团反帝爱国运动也被帝国主义勾结清政府镇压下去。1901年，腐败的清政府与外国侵略者签订了出卖国家主权的《辛丑条约》。从此，清政府向帝国主义彻底投降，完全沦为洋人的走狗，"量中华之物力，结与国之欢心"，使民族危机日益加深。

以农民阶级为代表的所有其他劳动者等下层群众，连续不断地掀起抗捐抗税斗争，并决心以武力反抗来粉碎列强瓜分中国的迷梦。新兴的中国资产阶级开始登上近代政治舞台，开展挽救危亡的活动，逐步走上了资产阶级民主革命的道路。孙中山先后于1895年和1900年领导发动了广州起义和惠州起义，将革命的火种由广州撒向全国。时局的动荡、政治风云的变幻、新旧政治势力的搏斗，这一切拨动着全国志士仁人的心弦，也影响和激励着廖仲恺与何香凝这对年轻的夫妇。

这一时期，廖仲恺并没有完全沉浸在小家庭的温馨之中。"国家兴亡，匹夫有责"的古训在他的心头震荡，他和何香凝一起密切注视着国家政治风云的变幻，经常讨论时局，抨击时政，关心着祖国的前途与民族的命运，共同探求承担起救国重任的方法和途径。后来，廖仲恺在一首《幽禁中感赋》的诗中，曾沉重地追忆起他和何香凝二人从"双清楼"上开始，在长达20年的时间内共商"匡时"之策的艰辛历程：

> 吾生遭不造，芸鞋肆所之；
>
> 廿载茹酸辛，努力思匡时。
>
> 魔障满人寰，霈泽安从施！

（尚明轩等编：《双佳文集》（上卷），人民出版社1985年版，第395页）

面对着国事日非的局面，"魔障"在域内横行，人民生活在水深火热之中，却找不到一条真正有效的挽救危亡的救国之路，这正是这对年轻夫妇当时最为苦恼的问题。

那时，许多青年把目光转向西方，到国外去寻求救国救民的真理，出洋留学的风气盛极一时。特别是日本与中国是一衣带水的邻邦，该国自明治维新后向西方学习颇见成效，一跃而成为世界强国之一，所以涌到日本留学的人更多，留学日本成为一种风尚。有志青年纷纷东渡，探讨日本变富变强之道。自1896年清政府派出13名学生留日，揭开了近代中国人留学日本的序幕之后，一批又一批的热血青年东渡日本。1899年留日学生已达100余人，到1902年秋已激增到近1000人之多。时代的启示、潮流的趋向，促使廖仲恺产生了去日本留学的愿望。可是，他的叔父廖维杰和哥哥廖恩焘却都希望他紧步他们的后尘，进入清政府官场。廖仲恺则毅然拒绝走这条路，决心投身留学外国的行列之中，要通过留学日本开创新的生活。

1909年廖仲恺（后右）一家在日本留影（后左何香凝、前右梦醒、前左承志）

然而，由于廖仲恺父母早已双亡，"家道中落，财产非丰"，他赴日留学的费用难以解决。"哥哥亲戚虽然都在官场中纸醉金迷，可是没有一个人肯帮助他"，为此他常常唉声长叹。有一天，廖仲恺怀着沉重的心情对何香凝说："国家危险至此，我们岂能坐视！日本留学界朝气蓬勃，志士云集，我也想东渡求学，……惟学费无着，奈何？"何香凝听后慨然回答道："你尽管放心，我可把我的奁饰变卖助你成行。"何香凝决定把妆奁变卖、为廖仲恺筹集留日费用的打算，遭到了娘家人和廖家嫂子的坚决反对。他们"都认为这样做有损面子"，太丢脸。何香凝则毫不顾虑这些，她毅然将陪嫁的珍珠、宝石、翡翠、金银首饰和部分家私变卖，连同做女儿时攒下的私房钱1000多元，共"凑得三千余金"，作为廖仲恺出国的留学费用。

　　有了何香凝筹措的经费，廖仲恺如愿以偿。1903年1月（清光绪二十八年十二月），他离别祖国，东渡扶桑，经香港到达日本东京。3个月后（即同年的4月），何香凝步丈夫之后，也东渡日本到了东京，与廖仲恺会合。

　　在东京，他俩在早稻田大学附近租了一间房子居住。这所公寓名叫"觉庐"，建筑颇为精美，有园林之胜。同寓居住的还有留学生关乾甫、萧友梅等人。廖仲恺先是"入神田区日人松本龟次郎开办的日语学校"，补习日语约一年，后进入早稻田大学预科政治科学习。何香凝起初也是进入普通的补习学校学习日语，为进入专门学校做准备，后转入东京女子师范学校预科学习。

　　廖仲恺夫妻二人的到来，给东京的留学生们增加了欢快的气氛。由于"仲公体小而何高壮"，不少人初见他们时竟视为姐弟俩，还不时以此开玩笑取乐。尤其是何香凝那双健步如飞的"天足"，更使不少留学生大为惊奇，纽永建、张继和居正等人干脆给何香凝取个雅号，"称她为'何大脚'"。

廖仲恺与何香凝这对年轻夫妇，一道在东京掀开了新的生活篇章。他们相互鼓励，勤奋学习，孜孜不倦地研究学问，并经常议论天下大事和中国的前途，抨击清朝的黑暗统治，探求救国真理。

　　赴日留学是廖、何二人迈向革命生涯的起点，从此开始了探索革命道路的奋斗历程。这个行动无疑是他们走上革命道路的第一步，也是关键性的一步。

第二章

投身民主革命运动

追随孙中山，投身革命运动

对社会主义学说的初步探索

"劝君莫惜头颅贵"

全力建设广东民主共和政权

一、追随孙中山，投身革命运动

廖仲恺出国留学之日，正是中国资产阶级、小资产阶级领导和参加的爱国运动日益蓬勃开展之时。日本东京是中国资产阶级革命派极为活跃的地方。那时，"凡留学生一到东京，急于寻求的大抵是新知识。除学习日文，准备进专门的学校之外，就赴会馆（指留学生会馆——引者），跑书店，往集会，听讲演"。廖仲恺也同广大留日学生一样，除在日语学校学习日语，就把自己的爱国热忱集中在努力学习和传播新思想、新知识上，视其为寻求救国真理的门径。

当时众多出国留学的热血青年，把学习和传播新思想、新知识名为"学战"，并把"学战"看成同列强进行兵战、商战、农战、工战取得胜利的根本。可是，在汲取了新思想、目睹了日本资产阶级革命后的新气象，并受到革命思潮的影响后，就越加不满清政府的反动统治，要求改变中国的愿望更加强烈，逐渐发现了仅凭"学战"救不了中国。在腐朽卖国的清政府统治之下，所有学战、商战、农战、工战等，统统都会流为空谈。于是，他们在国外开展了反清的革命活动。

在廖仲恺到达日本的前两年，因惠州起义失败而第三次到日本的孙中山，开始注意到在留学生中开展革命活动的重要性，经常与留日学生接触，支持他们的爱国和革命活动。1901年春，孙中山鼎力支持留日粤籍学生郑贯一、李自重等发起成立"广东独立协会"，并资助经费，倡言"反对清廷割让国土，及自行宣告独立"，从而揭开了孙中山联络留日学生的序幕。之后，他大力在留学生中进行革命的宣传和联络工作，扩大了民主革命的影响。1902年后，革命排满的风气开始在留学生中盛行。同年4月，资产阶级革命宣传家章炳麟等人在孙中山的赞助下，在东京留学生中倡议，于明朝崇祯皇帝吊死北京景山的日子，举行纪念会，借悼念明朝之灭亡，痛斥清王朝的罪行，来唤起革命排满。他们在散发到各地华侨的大会宣言书中，号召人们勿忘200多年来历史上的反清志士，激发汉人的种族情绪，以唤起人们投身反清革命斗争。对于这次活动，留学生的"激烈派群起和之"，要求参加者200多人。后因日本政府的阻挠，纪念会改在横滨举行。

自此以后，留学界革命志士的队伍日渐扩大，决心反清的人越来越多。廖仲恺到达日本东京后不久，江苏籍学生秦毓鎏"叹异族之压制"，愤"时事之日非"，会同冯自由、张继等人，在东京组织青年会，提出"以民族主义为宗旨，以破坏主义为目的"，其会员20余人，建立了中国留日学生最早的革命团体。到1903年，"东京留学界之思想言论，皆集中于革命问题"。当年的春节，众多来自祖国各省的留学生聚集在东京骏河台中国留学生会馆，借举行新年团拜大会之机宣传革命。刘成禺、马君武登上讲台慷慨陈词，讲述满洲贵族统治中国的历史，"主张非排除满族专制，恢复汉人主权，不足以救中国"。这些激烈的言辞，不仅激发了到会者的斗志，而且也在没有到会的留学生中广为传播，使他们深受鼓舞。

但是，20世纪初汇集日本的1000余名留日学生，不仅年龄悬殊，而且志趣各异，有不少是为了镀金，博取功名利禄或盲目随大流者。国民党元老胡汉民曾描述说：就他们的留学动机言之，"有纯为利禄而来者，有怀抱非常之志者，有勤于学校功课而不愿一问外事者（此类以学自然学者为多），有好为交游议论而不悦学者（此类以学社会学者为多），有迷信日本一切以为中国未来之正鹄者，有不满日本而言欧美之政制文治者"；就其出身而论，"有为贵族富豪之子弟者，有出身贫寒来自田间者，有为秘密会党之领袖以亡命来者，有已备有官绅资格来此为仕途之捷径者"。为此"种种分子"杂糅在一起，"大别之为'革命'与'保皇立宪'两派，而其时尤以'保皇立宪'者为多"。（《胡汉民自传》，丘权政等编：《辛亥革命史料选集》（上），湖南人民出版社1981年版，第164—170页）廖仲恺同何香凝置身如此错综复杂的人群和氛围之中，何去何从，成为他们必须抉择的首要问题。

　　廖仲恺与何香凝东渡扶桑的初衷，不是为着个人去捞取什么，而是怀抱着拯救中国的心愿去学习的，他们希望以日本由弱臻强的经验为借鉴寻找振兴中国的道路。至于如何拯救中国，他们当时还缺乏一个既定的方案，特别是在必须进行反清革命这一根本问题上还是不明确的。

　　在东京，廖仲恺在认真学习课程寻求新知识的同时，被留学界热气腾腾的革命气氛所感染，他经常偕同何香凝参加中国留学生的一些活动，并先后结识了不少趋向反清革命的爱国留学生，其中如苏曼殊、胡汉民、黎仲实、朱执信等人，经常和他们在一起议论时政，互相激励。

　　起初，多数留日学生还是受康有为、梁启超的"保皇立宪"维新改良主义的影响，对清政府抱有幻想。通过一系列的爱国斗争的实际教育，不少留学生逐渐看清了清政府的卖国真面目，才转向了反清革命的道路。其中，特别是1903年春夏之交爆发的拒俄运动是一次影响重大的爱国斗争，也是廖仲恺、何香凝到日本后参加的第一次政治运动。

　　1900年夏，英、法、俄、德、日、美、意、奥八国联军进攻天津和北京，血腥镇压义和团运动，沙皇俄国调集17.7万骑兵和步兵，强行占领了中国东北各主要城市和主要交通线。1901年9月《辛丑条约》签订后，沙俄为达到独占中国东北、使它变成"永久黄色俄罗斯"的罪恶目的，想出各种办法拒绝撤兵。1903年4月，沙俄又秘密向清政府提出将东三省置于其监督之下等七项无理要求，强迫清政府允诺。消息泄露后，举国震动。留日学生更是"自警报西来，舆论愤懑，废学忘食，志在授命"。他们"莫不义愤填膺，痛哭流涕"，沉痛地呼吁："呜呼！革命其可免乎？""满清政府而不欲与俄人战，而不敢与俄人战，乃并不愿他人之与俄人战，……

则我同胞不可不秣马以先与满清政府战。"（《江苏》第六期时论《支那分割的危机》译后语）留日学生和国内各界人民紧密配合，掀起了声势浩大的拒俄运动。4月29日，500多名留日学生在东京锦辉馆举行大会，愤怒抗议沙俄企图侵占我国东北的罪行，当场决议组织拒俄义勇队，有黄兴、陈天华等200余人参加，从事军事训练，准备开赴东北前线抗击沙俄侵略军。他们"誓以身殉，为火炮之引线，唤起国民铁血之气节"。5月2日，留日学生又一次集会，报名参加义勇队者正式组成学生军，旋即改名为"军国民教育会"。5月中旬，"军国民教育会"宣告成立，它公开标明"养成尚武精神，实行爱国主义"宗旨，实则是由"拒俄御侮"，进而到"革命排满"；又订出实行办法："一曰鼓吹，二曰起义，三曰暗杀"，还分派会员回国到各省活动。

廖仲恺与何香凝出席了锦辉馆大会，也参加了广东籍留学生的拒俄集会。他们在这场斗争中深受教育，进一步看清了清政府的卖国真面目，认识到不推翻清朝统治，就将报国无路、救国无门。为了支援"拒俄义勇队"转化为"军国民教育会"，他们踊跃解囊捐助资金。根据保存下来的当时的一份捐款名单，在捐款的约500人中，绝大多数人都是捐银圆，有五角、一圆、两圆等，他们二人当时经济上并不宽裕，却分别捐献了五圆和三圆，可见他们的热心。

在这一重要时刻，帮助廖仲恺确定了革命方向的人，是伟大的革命先驱孙中山。

早在1896年廖仲恺在皇仁书院读书时，清廷驻英公使在伦敦诱捕孙中山一事，在香港《支那邮报》等报刊上就有过专门的报道和评论。孙逸仙的名字轰动欧美，也影响到香港，得到一些被压迫民族和主持正义的人士的崇敬，也使廖仲恺对孙中山有了初步了解。1900年，孙中山领导的惠州起义虽然失败，但同情或赞助革命的人空前增多，孙中山的名声大振，更使廖仲恺对这位在他家乡做出惊天动地事业的人物产生了关注和崇敬之情。当时宣传反清和痛斥保皇谬论的名著相继出版，进一步促进了革命风潮的高涨，同时也提高了包括廖仲恺在内的大批热血青年的政治觉醒，加深了对孙中山的认识。

1903 年 9 月的一个晚上，廖仲恺偕何香凝到神田町中国留日学生会馆参加留学生的集会时，在会场上初次见到了他们仰慕已久的孙中山。

这是一次公开的聚会，参加者"鱼龙混杂"，革命、保皇和中立论者都有。在会上，刚从越南来到日本的孙中山发表了简短的演说，只泛泛地讲到中国积弱太甚，应该奋发图强，彻底革命。孙中山那令人激奋的演讲，伟人的风度，坚定的信念，讲话中所贯穿的不容辩驳的逻辑力量，深深扣动了广大留学生的心弦，使廖、何二人深受感动，更是"听得入了神"。回到住处以后，极为兴奋的廖仲恺与何香凝一连几天所谈的话题总是围绕这位伟大的革命家这次演讲的内容，并一起回忆和谈论他们见到孙中山的情景。

为了从孙中山那里听到更多的道理，廖仲恺夫妇打听到了孙中山的寓所——小石川的一间"下宿屋"。几天以后，他们和好友黎仲实专程前往拜访。孙中山热情地会见了这三位年轻人，同他们进行了长时间的谈话。他们这次会晤的情况，何香凝后来追忆时这样写道："在一个面积不大、陈设简朴的小房间里，孙中山亲切地接见了我们。正像一般青年之间的会面一样，我们没有客套，话题马上从中国政治问题上开始了。这一次，孙先生谈的很多，从鸦片战争谈到太平天国，谈到戊戌政变，谈到义和团，谈到清政府腐败无能，所以一定要进行反清革命。"孙中山详细剖析了中华民族同仇敌忾的光荣传统，在"自由主义"与"民权之风"的熏陶之下要求独立而产生的伟大力量，只要因其势、顺其情，就一定可以再造一个新中国。廖仲恺与何香凝等对孙中山讲述的这些道理"很是佩服，十分同情"，他们的思想也顿时开阔与明晰起来。

这次会见，给廖仲恺夫妇留下了终生难忘的印象。孙中山的一席话，进一步坚定了这对年轻人投身革命的决心，为他们选择人生的道路指明了方向。此后，从8月到9月下旬，他们二人又两次去"下宿屋"拜会孙中山。廖仲恺还单独去会见孙中山几次，聆听他谈论革命救国的道理和方法，并共同讨论国家大事。在频繁的接触中，孙中山和蔼可亲的态度和诲人不倦的精神，特别是他那精辟的革命言论，给廖仲恺以很深的影响。廖仲恺本来就有着非常强烈的救国愿望和炽热的革命激情，聆听这些教诲之后，孙中山的革命理论武装了他的头脑，更进一步激发了他的革命热情。于是，他和何香凝在一次和孙中山的交谈中，明确表示了"我们也想参加革命工作，愿效微力"的愿望。这可以说是廖仲恺夫妇从不满清廷的腐败卖国而忧国忧民，到下决心跟随孙中山参加推翻清政府革命行动的开始。

孙中山对廖仲恺夫妇恳切地提出参加革命工作之事十分赞赏，并留下了深刻的印象。日后，孙中山在《建国方略——有志竟成》中，还专门提到1903年他"过日本时，有仲恺夫妇等多人来会，表示赞成革命"。他当时还嘱咐他们注意"在留日学生中物色有志之士，广为结交"，以便日后"结为团体，以任国事"。孙中山认为，他们对日后"同盟会之成立多有力焉"。廖仲恺从此正式参加了孙中山领导的民主革命运动，在此后一年多的时间里，他和何香凝在留日学生中广泛进行联络及宣传工作，团结与物色了一批革命青年，从事推翻清朝统治的斗争。

1903年底，孙中山决定离开日本赴美洲宣传革命和领导对保皇派的论战。行前，他交给廖仲恺一项任务，即在留日学生中组织学习手枪、步枪射击等初步的军事技能，为将来发动武装斗争做准备。当时，廖仲恺夫妇租赁的住所在东京牛込区，他便在这里组织了义勇队，秘密进行军事训练。为避人耳目，20多个义勇队员每天凌晨秘密聚集到大森操场，由懂军事知识的黄兴教授枪法，练习射击。何香凝则负责烧水煮饭，管理生活。清政府驻日公馆非常注意留日学生的活动，公使汪大燮经常勾结日本警察侦察他们的行踪。义勇队队员进行军事训练的事，不久被日本警察所侦知。日本警察利用一个义勇队队员和日本"女中"（即女服务员、保姆）谈恋爱，唆使那个日本"女中"伪装怀孕，到廖仲恺的住所大吵大闹，寻死觅活，对义勇队的军事训练进行破坏。最后，廖仲恺等人被迫变卖家具杂物，筹款"贿赂"那个日本"女中"。为了避免警察的纠缠，立即迁移到小石川居住。这样，义勇队练习射击的军事活动就中断了。不过，这项活动实际上为后来成立同盟会做了很有效的思想上和组织上的准备。

1904年间，孙中山为了扩展革命势力，派遣一些同志秘密回国进行活动。廖仲恺曾被派往天津。廖仲恺是个十分好学的人，平时总是手不释卷。但是，为了革命的需要，他毫不犹豫地放下书本，离开学校，自东京秘密返回国内。他在天津多方联络革命志士，宣传革命道理，筹设革命机关。不久，他的活动被清政府侦知，他无法在天津立足，只好返回东京，继续在早稻田大学就读。

同年春季，怀孕的何香凝为了使孩子能够平安诞生，避免过去因未保养好而曾小产的失误，与廖仲恺商量后决定回到香港娘家静心调养。1904年2月4日生下女儿梦醒。廖仲恺之所以为女儿起了这个名字，是因为外国人说中国人是睡狮，廖仲恺为了洗雪这个国耻，决心追随孙中山闹革命，使中华民族能够像雄狮一样从梦中醒来，屹立于世界民族之林。何香凝生下女儿之后，为避免影响学习和革命工作，便把女儿留在娘家托人抚养，只身返回日本，和廖仲恺一起生活，继续到女子师范学校预科读书。

也就在同年及前后的三年间，在孙中山革命思想的影响和推动下，爱国民主运动蓬勃高涨，宣传革命的书刊如雨后春笋，层出不穷，如邹容的《革命军》，陈天华的《警世钟》和《猛回头》，章炳麟的《驳康有为论革命书》，湖南、湖北、江苏、浙江各省留日学生创办的《游学译编》《湖北学生界》（后改名《汉声》）、《浙江潮》《江苏》等。这些革命报刊对启发人们的民主觉悟，批判保皇谬论，组织和壮大革命派队伍，推动革命形势的发展作用巨大。随着革命思潮的日益传播和留学革命志士的纷纷归国，国内的革命力量加速集结，开展了建立民主革命团体的活动，继1894年成立兴中会之后，在1904年间陆续涌现出一些民主革命组织，其中影响较大的有归国留日学生黄兴、宋教仁等在长沙创立的华兴会，归国的留日学生在上海与文化教育界爱国人士蔡元培、陶成章等组织的光复会，湖北新军中革命青年与武汉学生刘静庵、吕大森等在武昌建立的科学补习所和日知会等。它们的目标都是用革命手段推翻清政府的统治。这些革命小团体成立之后，积极开展反清革命活动，其中不少骨干分子在国内无法立足而被迫流亡日本，东京也就成为革命志士汇聚的地方。

随着革命形势的日益发展，各地革命团体的不断出现，迫切需要建立一个统一的政党，以便更好地领导全国规模的民族民主革命。

为了适应革命形势的需要，孙中山于1905年7月从欧洲再次来到日本，准备"召集同志，合成大团"，组成统一的政党。这时，孙中山的活动范围比过去更加广泛，方式也更加多样，收发信件多，来往客人也多。为了避开日本警察的干预，他必须找一个可靠的场所和联络地点。廖仲恺夫妇在东京的寓所是自己租赁的房子，他们夫妇又热心革命事业，诚实可靠，很适合这一要求。因此，孙中山便委派黎仲实与何香凝商量，当时廖仲恺恰好趁暑假回香港筹措学费，何香凝听说是孙中山的意思，自己又能为革命做贡献，便慨然允诺，并满口答应孙中山提出的为保守秘密不雇日本"女中"的要求。从此，他们的住处便成了孙中山经常和革命党人秘密集会和部署革命工作的场合与通信联络站。

当时，孙中山每星期要在他们家召集革命的骨干分子"开会两次"，"计议和筹划革命各种工作"。常到他们寓所参加集会的有朱执信、胡汉民、

辛亥革命时期的廖仲恺

章炳麟、刘成禺、黄兴、张继、居正、汪精卫、黎仲实、马君武、古应芬、纽永建、冯自由、苏曼殊等人。廖仲恺夫妇为了安全，由东京小石川区搬到神田区居住。由于不再雇用日本"女中"，何香凝亲自担任联络和勤务工作，如收转信件、看守门户、照顾茶饭、掩护同志，等等。何香凝从小生活在优越的环境中，不但没有做过提水烧饭的工作，就连开水都不会烧。但是，她从革命的利益出发，坚定地从头学起，并且成为一位有才干的管家。她热情洋溢，不辞劳苦，任劳任怨，踏实肯干，为革命事业做着一切琐事杂务，深受孙中山以及留日革命学生的倚重和信赖，被亲切地称为"御婆样"（日语，意为"阿姨""管家婆"），这说明了孙中山与革命留学生们对廖仲恺夫妇的完全信任和廖仲恺夫妇投身民主革命的真诚与尽心尽力。

孙中山这次返抵日本后，立即投入组织同盟会的紧张工作。他经过和黄兴、宋教仁、陈天华等人反复磋商，决定把兴中会、华兴会、光复会、科学补习所等革命反清团体联合起来，建立统一的政党。在同年 7 月 30 日召开的筹备会议上，确定这个革命政党的名称为"中国同盟会"（简称

"同盟会"）。会议通过了孙中山提出的"驱除鞑虏，恢复中华，创立民国，平均地权"十六字的政治纲领。又经过了二十来天的筹备后，在东京举行了同盟会正式成立大会，公推孙中山为总理，黄兴为庶务（协理），设有执行部、司法部和评议部。通过了同盟会《章程》，章程中确定十六字纲领为同盟会宗旨，规定以东京为同盟会总部所在地。

中国第一个民主革命政党——同盟会的诞生，使中国的民主革命向前跨进了一大步，加速了中国民主革命的步伐，成为革命运动蓬勃高涨的新起点。这件事，使得孙中山很兴奋，他异常欢欣地说："及乙巳之秋，集合全国的英俊而成立革命同盟会于东京之日，吾始信革命大业可及身而成矣！"（湖南省哲学社会科学研究所古代近代史研究室校注：《宋教仁日记》，湖南人民出版社1980年版，第98页）

在同盟会成立大会之前，当一切准备工作基本就绪时，8月7日，何香凝便在孙中山主持下，由孙中山和黎仲实二人介绍，在自己的寓所举行了加盟手续，参加了同盟会，成为最早加盟的女会员。廖仲恺在同盟会成立时，正在香港筹措来年留学费用。他从何香凝的来信中得知同盟会成立后，异常兴奋，立即到处奔走，筹集到款项后，便带上一岁半的女儿梦醒，并约集在香港的胡汉民夫妇等人，心急如火地赶回东京。

1905年9月29日（农历九月初一），是廖仲恺终生难忘的一个极有意义的日子。

廖仲恺回到东京居处，立即从何香凝那里了解到了同盟会成立的详细情况。他要办的第一件事，是希望立刻见到孙中山，尽快加入同盟会。当天傍晚，孙中山在黎仲实的陪同下应邀来到廖仲恺家中。也就在这天深夜，由何香凝和黎仲实二人介绍，在孙中山的主持下，廖仲恺正式宣誓加入了中国同盟会。这个夜晚可不平常，孙中山同这几位年轻志士做了通宵达旦的谈话，直到晨曦从窗口射进屋内的拂晓时刻。

孙中山对他们讲解了"中国革命之必要与三民主义之大略"，以及"革命党之性质、作用，党员对党之义务与牺牲服从之要求等"。他的谈话，主要是针对胡汉民就"平均地权"提出的种种疑问而发的。胡汉民虽早已倾向革命，赞成反对清王朝和建立共和制国家，但由于在日本法政大学速成法政科学习，受流行的资产阶级经济学说影响很深，对于"平均地权"存有较多的疑虑。他对孙中山说明自己的看法，提出了不同的意见，认为不宜在当时提出。为此，在廖仲恺住室与孙中山辩论了一个晚上，直到更残人静。廖仲恺当时对为什么提出"平均地权"以及怎样实现"平均地权"问题，都还没有仔细考虑过，所以非常入神地听着孙中山的讲解。

　　在谈到是否必须实行"平均地权"时，孙中山从世界革命趋势和国内"民生问题"的重要性两方面耐心地详细剖析，他着重提出，欧洲资本主义制度的确立，并没有真正消除人与人不平等的现象，相反，两极分化愈趋激烈，广大赤贫的民众所遭受的苦难更为深重。回观中国，"此时似尚未发生问题。而将来乃为必至趋向，吾辈为人民之痛苦而有革命，设革命成功，而犹袭欧美日本之故辙，最大多数人仍受痛苦，非吾人革命之目的也"。（《胡汉民自传》，载中国国民党党史编辑委员会编：《革命文献》第三集，1958年版，总第386页）正是基于这一考虑，同盟会在革命中，必须同时解决民生问题，而"平均地权"正是必由之路。孙中山兴致勃勃，其中特别提出，革命党的最终目的是从根本上解除人民的痛苦。

　　在这个夜晚，廖仲恺第一次较为详细地了解到孙中山关于平均地权的思想，感到很新鲜；尤其对孙中山强调的革命党的最终目的是从根本上解除最大多数人民所受的痛苦这一点，他十分赞同。廖仲恺后来在解释同盟会"驱除鞑虏、恢复中华、创立民国、平均地权"的盟约时，着重指出"头两项是同盟会的宗旨，后两项是同盟会的目的。由这四个宗旨和目的，概括成三个大主义，就是：民族主义、民权主义、民生主义。所谓三民主义，就是那三件东西。由这盟约看来，革命就不是同盟会终极的宗旨和目的，不过是个手段。……所以单是革命并不算可贵，可贵的就是革命内容的主义。要知道这革命手段见效没有？须看做这革命主脑的主义行了没有"。而在说明革命的终极目的时，廖仲恺指出，只有把中国真正建成一个"民之所有""民之所治""民之所享"的国家，革命方才算是成功。廖仲恺的这些认识，说明他最清楚地理解孙中山关于根本解除人民所受痛苦的思想。

同盟会从它成立时起，盟员们对于盟约就有不同的理解和解释。廖仲恺坚持"驱除鞑虏、恢复中华"仅是手段，"创立民国、平均地权"方是目的，而革命终极的目的，则必须是人民确实不再经受苦难，能够当家做主。正是这一思想，使廖仲恺成为当时同盟会中真正服膺"平均地权"纲领并积极宣传它的中国人之一。同时，这一思想对他日后成为真正关心人民痛苦的国民党左派领袖，有着巨大的指导和推动作用。

廖仲恺加入同盟会和这次同孙中山彻夜畅谈后，心潮澎湃，热血沸腾。他异常激动，立即就担任起中国同盟会的会务工作，当月被孙中山委任为总部执行部之外务部（科）两名负责人之一（另一为程家柽）。由于他的英文水平相当高，凡有关和西方革命志士联系的事宜，孙中山不亲自出面时，多派他前去接洽、办理。以后，廖仲恺又兼任会计长，并曾一度被指定为天津同盟会分会的主盟人，肩负着对外进行革命联络活动的重任。1905年10月2日，他被早稻田大学借故"除籍"后，一度专职从事革命活动。廖仲恺办事一贯认真负责，积极热情，这也是他的美德之一。所以他还受到了留日学生们的拥护和信赖，"凡有大事，必就而请教之"，1905年被推选为中国留日学生会长。廖仲恺充分利用自己结识人多又素为留日志士所景仰等有利条件，抓住一切机会在留学生骨干中进行宣传和联络工作。他说服同学们在斗争中团结广大学友，激发其爱国斗争热情，并及时物色和介绍其中的积极分子参加同盟会组织。

从此，廖仲恺便追随孙中山，将他毕生的精力献给了中国的民主革命事业。

二、对社会主义学说的初步探索

在19世纪末，中国民主革命兴起的时候，西方资本主义已经发展到帝国主义阶段，资本主义社会所固有的内在矛盾，特别是社会化大生产同生产资料私有制的矛盾，无产阶级和广大民众同资产阶级的矛盾，已经明显地暴露在世人面前。中国的革命家在探寻救国之道时，他们不仅从西方资产阶级民主主义那里汲取了养料，而且对社会主义学说以及正在蓬勃发展的社会主义运动产生了浓厚的兴趣，同情西方各国无产者和广大受压迫剥削的民众，希望中国不再重蹈西方的覆辙。孙中山提出了在实行民族革命、政治革命的时候，"须同时想法子改良社会组织，防止后来的社会革命"的设想。他1905年5月到比利时布鲁塞尔访问第二国际书记处，自称是社会主义者，请求接纳中国革命党为第二国际成员时，具体说明了他的目的是"采用欧洲的生产方式，使用机器，但要避免其种种弊端"，这就是吸收西方文明的"精华"，而"防止往往一个阶级剥夺另一个阶级，如像所有欧洲国家都曾发生过的那样"。而当时中国留日学生对日本刚刚兴起的以片山潜、幸德秋水等为代表的社会主义运动，也引起了强烈反响。从1903年开始，在一部分留学生中出现了一股翻译、介绍社会主义的有关著作以及探讨社会主义学说的热潮。廖仲恺正是在这股热潮的影响下，特别是在孙中山的直接推动下，开始了对社会主义问题的初步探究。

同盟会成立后，它的机关报《民报》于1905年11月26日创刊。遵照孙中山关于将其民族、民权、民生三大主义之"革新学说"，"贯（灌）输于人心而化为常识"的要求，《民报》比较系统地开展了对于三民主义理论的宣传，并同保皇改良派激烈地论战，捍卫三民主义纲领。廖仲恺作为孙中山革命事业的追随者，在孙中山的推动下，参加了这一宣传与论战活动。他对社会主义学说的探究则是和他参加宣传与论战活动结合在一起的。在此后 4 年的时间里，廖仲恺"时与同人讨论三民主义之理论及实行办法，有所得则著论于《民报》"上，先后发表的论文和译作有 9 篇之多，在《民报》宣传社会主义的文章中占有相当大的比重。在这些文章中，廖仲恺宣传的内容涉及同盟会的三民主义，而以介绍与探索广义的社会主义学说为中心内容。

廖仲恺是同盟会土地纲领的积极宣传者。他对这个纲领诚心拥护，非常赞同土地国有，反对贫富悬殊。而孙中山的"平均地权"思想的形成，颇受在欧美风行一时的以美国"单税社会主义"的创始者亨利·乔治的单一税制与土地国有税的影响，是以其理论为主要依据的，与这一理论有直接的渊源关系，实际上是同盟会土地纲领的主要理论基础。

亨利·乔治是美国 19 世纪后期的著名社会活动家和经济学家，他当过水兵、印刷工人、报纸编辑和发行人，在与社会各阶层广泛的接触中，他清楚地看到在美国和其他西方国家，生产力突飞猛进，文明在迅速进步，可是广大雇佣劳动者的处境却每况愈下，他们几乎陷于赤贫状态。为了找出财富日趋增长而广大工人日趋贫困的根源，他专门研究了土地问题。他认为，由于土地为私人所有，巨额社会财富不断变成地租，并被土地私有者所吞噬。因此，只有实行土地国有，变地租为地价税，改归公共所有，除土地税外"凡税捐俱免之"，使社会财富趋于平均，贫困才能被消灭，文明的进步才能达于最高程度。他所提倡的这种征收单一的地价税的主张，曾经在欧美一些国家盛行一时，颇有影响，被看作社会主义的一个流派，即"单税社会主义"。科学社会主义者所要求的是在推翻资本主义制度的基础上创建新的生产方式，而亨利·乔治的主张则丝毫不能触动资本主义的生产方式。

廖仲恺最初研读的就是亨利·乔治所著的名作《进步与贫困》。这部著作使廖仲恺对资本主义制度下物质文明进步未能给广大劳动者带来自由和幸福，反而带来赤贫与奴隶制这种状态产生了极深的认识。为了配合宣传孙中山以平均地权实现社会革命的学说，他着手翻译该书，并在1905年11月出版的《民报》创刊号上，以"屠富"的笔名，发表了该书的"序"及"问题"两节译文，介绍了亨利·乔治主张的梗概。这无疑有助于人们对孙中山革命主张的理解，同时有助于对社会主义探索的热潮之来临。他用的笔名所谓"屠富"者，即是打倒"豪富"阶级之意，表示对贫富不均现状的抗议。当时，廖仲恺和朱执信等接受了已经在日本青年学生中开始流行的早期社会主义思想，并试图把它传播到中国来。所以，朱执信在翻译一些著作的时候，把资产阶级译作"豪富"，并把无产阶级译作"细民"。廖仲恺对此深表同意，并经常向何香凝阐述"豪富"和"细民"的区别，还很风趣地问何香凝："你的爸爸是个大资本家，也是将来要在打倒之列的，你不怕么？"正是从同情劳动人民的立场出发，廖仲恺用"屠富"笔名发表文章，表明他已经看到了资本主义社会贫富悬殊的弊病，反对贫富不均的社会现象，并试图找寻一种避免重蹈这一覆辙的办法。当然，他当时还谈不到真正认识工农，也不可能理解工人阶级和农民阶级在中国民主革命中的作用。

与此同时，廖仲恺在孙中山直接领导下，和朱执信等一起，对当时在西方流行的各种学派的社会主义理论和运动，逐一地进行了学习、探索、考察和介绍。那时日本已成为帝国主义国家，社会矛盾日益尖锐，特别是1890年第三次世界经济危机后，罢工、"米骚动"以及减租、均地的斗争此起彼伏，如何克服资本主义弊端的各种社会学说纷至沓来，并在20世纪初期获得广泛的传播。第二国际中机会主义者奉行的社会改良主义与无政府主义思潮颇为流行。廖仲恺和朱执信等来自思想禁锢的中国，面对各种思潮，样样感到新鲜，分不清其界限，自然来不及仔细辨别品味就兼收并蓄起来，因而他们受机会主义思想影响比较广泛。但是他们并不把社会主义作为革命的武器和目标，只是作为防止社会革命的手段。

廖仲恺当时对各派社会主义学说的认识，受了日本和欧美一些学者如烟山专太郎、久津见蕨村、柏律和亨利·乔治等人的较大影响。他自认曾"直接受教"的烟山，是早稻田大学讲师、日本《外交时报》的俄事记者，著有《近世无政府主义》一书；他非常仰慕的久津信奉无政府主义，曾同避居长崎的俄国革命党人接触过，著有《欧美的无政府主义》一书；他受到较长久影响的柏律是以研究基督教的社会主义而著称的美国学者，所著《社会主义手册》一书，颇受日本知识界的欢迎；使他受到影响更大的亨利·乔治，有一些在日本的忠实信徒，和同盟会的革命党人来往颇密。廖仲恺认为，社会主义、无政府主义和虚无主义，是世界革命的"三大主义"，他非常感兴趣地研究它们的历史、派别和活动情况，并强调指出：这三大主义，"其学说，其历史，其派别，其运动，各不相同"，"译者深喜研究其真相，并拟一一介绍之于学界"，所以"立志专译泰西各国名著"之目的，在于"以导我先路"。显然，廖仲恺对于社会主义、无政府主义及虚无主义之研究与介绍，旨在激励革命党人探求新知，让人们去比较、鉴别、取舍，从中找出一种符合中国当时社会现实的理论，用以指导救国斗争。

廖仲恺虽然怀着浓厚的兴趣去翻译和发表西方和日本的社会主义及无政府主义的论著，但未能科学地区分和评价各种思想流派。当时，他一方面对于揭露资本主义本质的社会主义理论怀有浓厚的兴趣，另一方面则又对无政府主义和俄国革命党人的斗争方式倾注了关切之情。他在《无政府主义之二派》一文"译者按"中强调，译此文的目的，是想让人们将社会主义中激烈的一派——无政府主义，同社会主义流派中"最温和者"——布利斯的基督教社会主义相比较，并谓："老子云：'正言若反'，译者每善持此论以读矛盾之处。"在廖仲恺的译著中，宣扬无政府主义的比重较大，他心系民主主义，认为"无论用任何暴力，凡用以破坏现社会者，均视为神圣"，因而特为关注无政府主义学说。就当时中国的条件来说，无政府主义要求用一切暴力手段反对"现社会"——清朝的封建统治，无疑是具有进步意义的。辛亥革命的亲历者吴玉章曾说：在当时，无政府主义思想，"鼓舞人们去进行冒险的斗争，重要作用还是积极的，不过同时也产生了一些崇拜英雄、轻视群众的消极作用"。（《吴玉章回忆录》，中国青年出版社1978年版，第47页）根据汪东的忆述："廖仲恺当时是激烈派，有些倾向无政府主义。"这一评说还是反映了一定的真实情况。

据统计，廖仲恺在《民报》创刊后的几年中，以"屠富""渊实""无首"为笔名（或虽未署名，经考订为廖仲恺所撰译者）先后发表的9篇译文和著作是：《社会主义大纲》（载于1906年9月的《民报》第七号）、《无政府主义之二派》（载于1906年10月的《民报》第八号）、《虚无党小史》（分别载于1907年1月的《民报》第十一号和10月的《民报》第十七号）、《苏非亚传》（载于1907年9月的《民报》第十五号）、《巴枯宁传》（载于1907年10月的《民报》第十六号）、《辟非民族主义者》（载于1907年10月的《民报》第十七号）和《帝王暗杀的时代》（载于1908年6月的《民报》第二十一号）。通过上述译著，他向读者介绍资产阶级经济学家的土地问题理论，介绍社会主义和无政府主义诸流派及其学说，介绍马克思、恩格斯在第一国际中与无政府主义者的斗争等内容。这些众多的译著，表明了廖仲恺是在努力研讨革命的理论，积极谋求寻找挽救危亡的救国之路。他所撰写的《辟非民族主义》一文，旗帜鲜明地阐述了自己的观点，认为必须推翻"宁赠友邦，不予家奴"的清政府，才可以"御外侮，亦即可以自保之道"，才能制止"碧眼胡儿"的西方侵略者瓜分中国的妄想，驳斥保皇派"排满必招外侮""促瓜分"的谬论。

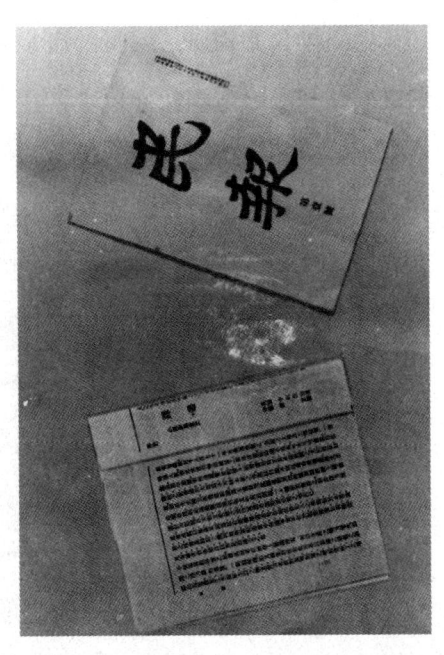

廖仲恺多次刊发文章的同盟会机关报《民报》

　　综上所述，廖仲恺在宣传民生主义纲领的同时，对于当时欧美各国流行的社会主义各派学说的介绍和探索（通过翻译外国的著述）是积极与努力的，并且他在寻求救国革命真理时，"深恨近人专尚獭祭工夫，每活剥他人所有，以为己说"等恶习，反对将理论研究变成出风头、赶时髦的浮夸作风，表现出他治学严谨的态度和不断探索的进取精神。当然，由于受历史条件的限制，这种介绍和探索是初步的，和当时其他人如朱执信等的文章一样，有很大的局限性，还不够全面和准确，甚至对科学社会主义有误解或歪曲的地方；但是，他对各派社会主义的介绍，既可视为对西方早期社会主义思想的引进与传播，也可以看作为宣传孙中山与同盟会的社会革命纲领提供新的思想资料，同时也揭示了孙中山民生主义的某些思想源流，有力地宣传了孙中山的土地国有、平均地权等主张。这都反映出廖仲恺在建设新国家的问题上紧跟孙中山的理论探索，较注意世界进步思潮的发展趋势。他所做的这些工作，起到了批判当时封建传统的陈腐思想，开拓国民尤其是知识阶层视野的启蒙作用，同时流露出他对社会主义前景的朦胧向往和对国际社会主义运动隐约的同情意识。

当时，孙中山所领导的革命，是半殖民地半封建的东方大国在帝国主义与无产阶级革命时代一场新型的革命，它既是民族、民主主义革命，又具有西方同类革命所没有的许多新的特点。究竟怎样从理论上和实践中把握住这些特征，这不是骤然之间就可以解决的问题。廖仲恺对社会主义学说的初步探索，表明他已经开始意识到中国革命应当有自己特有的革命理论与革命实践，并力图去摸索和追求。他在 20 世纪初年，围绕着孙中山的民生主义和土地纲领主张，对社会主义做了阐述、探究和介绍，满腔热忱地和朱执信、宋教仁等一起，促成了《民报》的"社会主义热"，从而带动了国内外一些刊物对社会主义的探索。实际上他们是参与了中国历史上第一次对社会主义探索的热潮，从而首先给长期关闭自守的中国打开了一扇窗户，引进了第一道社会主义的曙光，这种积极的作用和贡献是不可低估的。

三、"劝君莫惜头颅贵"

廖仲恺从宣誓加入同盟会时起，就立志献身中国民主革命运动。在整个辛亥革命过程中，他一面致力于革命理论的探究，一面投入革命的实践。在理论探究中，他以虚心、平实和严谨学风见长；在革命实践中，他则表现了极大的热情，以及忘我的负责和牺牲精神。在孙中山领导下，他脚踏实地一步一个脚印，努力以自己的切实工作，谋求促使同盟会的盟约与纲领能够真正得以实现。

反对日本政府勾结清政府颁布取缔留学生规则，是廖仲恺加入同盟会后第一次参加的较大的政治斗争。

1905年11月2日，日本文部省公布了《关于清国入学之公私学校规程》，规定中国留日学生，无论公费或自费生，欲进入日本学校，都必须持有清政府派驻日本公使馆的"介绍书"，欲转学或退学，也必须持有公使馆的"承认书"。这是日本政府与清政府朋比为奸的产物。它就是要将所有留日学生都置于清公使馆监督、管理和控制之下，特别是要将大部分属于革命派的自费留学生，放在清公使的严格约束之中。规则还有其他如"留学生不得自由择居"等许多规定，都是为了限制留学生的自由，阻止他们参加政治活动，从而使革命派遭受约束和打击。

同月26日，接受中国留学生的日本各公私立学校奉文部省之命，分别公布出该《规程》，并限令所有中国留日学生立即将自己的情况在3日内一律呈报学校当局，逾期不报者，后果自负。布告一出，留日的中国学生大哗，众多学生表现出强烈不满。他们先是联名上书清朝驻日公使杨枢，请其交涉，定要日本文部省收回成命。上书无效之后，留日学生义愤填膺，掀起声势浩大的反对《规程》的政治斗争。从2月初开始，各校留日学生纷纷集会，发表演讲和散发印刷品，抗议日本政府的行径。12月4日开始集体罢课。12月8日，著名革命宣传家陈天华为抗议日本反动派对留日学生的诋毁和迫害，留下《绝命辞》，愤而在日本蹈海自杀；12月10日，几千名留日学生齐集中国留日学生会馆举行大会，决议一致罢课归国，不再在日本受辱求学。

在这一事件的演进过程中，廖仲恺的态度一直非常鲜明。他和大多数中国留学生一样，一开始就"坚决主张罢课，以示抵抗"。当时，廖仲恺利用自己负责同盟会对外接洽与联络事宜及曾担任过中国留日学生会长的有利条件，结合这场反《规程》的斗争，乘机在各省留学生中开展了广泛的宣传和联络工作，注意"在斗争中团结广大青年学生，激发他们的爱国热情"。

随着反对《规程》运动的深入开展，同盟会会员们与整个运动出现了严重的分裂，分为主张坚决罢课，按照原决议全体归国，另在上海办学，以洗日人取缔之耻辱和主张求学宜忍辱负重，不可轻率废学归国，要妥协一体上课两派。前者以胡瑛和宋教仁等人为代表，成立了"留日学生联合会"，积极进行罢课归国的活动；后者以汪精卫、胡汉民等人为代表，他们怕罢课影响自身利益，又接到孙中山从越南拍来的"关于不赞成留学生全体归国"的电报，便搞了个"维持留学界同志会"，极力鼓吹不要再扩大事态，并宣称"日本方面已经对《规程》做了解释"，"应即劝告各校同学，一体上课"。两派互相驳论，如临大敌。面对两派激烈辩论的情况，廖仲恺认为，孙中山"不赞成留日学生全体回国是完全正确的"，因为当时出于义愤而做出全体学生回国的决定不够策略，"不特实行起来颇为困难，而且大批同盟会员回国之后，也有被清政府一网打尽的危险"，故应该审时度势修改原决定。他对汪精卫等人的做法十分不满，认为作为革命党人，"主要的是应该和大家团结一致，共同行动，坚持斗争，争取胜利"，而不应该在留日学生中制造分裂，更不应该倒转矛头来攻击主张坚决反抗的同志。在行动上，廖仲恺和同盟会中其他许多成员一道，说服胡瑛等人，遵照孙中山的指示，在斗争中掌握策略，又反对汪精卫等人制造分裂的做法，在斗争中团结了广大青年学生。

由于廖仲恺等人耐心细致的工作，团结了广大青年学生，促使很多青年学生在这次斗争中受到启发和教育，激发了他们的爱国热情，从靠拢廖仲恺和何香凝等人"进而直接参加到同盟会组织中来"。在此后的一段时间里，直接到廖仲恺寓所访问求教的人很多，尤其"以士官生最多"。据与廖仲恺同住过的老同盟会员龙裔禧忆述：在保存的1905年至1906年入会的960多位"同盟会会员名单中"，"不少会员是由廖仲恺物色介绍的"，他自己就是其中一个，从而使同盟会队伍进一步扩大，工作更加活跃。

廖仲恺投身革命后，积极担负孙中山指派的所有任务。1906年初，身为同盟会执行部外务科负责人的廖仲恺，接受了一项特殊使命，暂时终止了自己的学习生活，潜身回国，只身前往清王朝的腹心地——天津去"设立机关"，从事革命的联络工作。

早在1905年10月上旬，孙中山偕同胡毅生、黎仲实等自日本赴西贡筹款途经吴淞口时，曾与法国驻天津屯军参谋长布加卑少校在轮船上约会，并议妥请布加卑"派员相助"，协同调查国内各省革命实力，以求帮助中国的革命事业。孙中山经考虑决定派一娴熟英文的党人长驻"天津法军营中"，担任"翻译文件"和联络工作，"图发展北方革命势力"。他认为廖仲恺办事坚毅、果断、认真，长于英文，便赞同胡毅生提出的由廖仲恺担任此职的提议，并立即命嘱胡"作书告之，书交布带至沪付邮"东京，征询廖的意见。

当时，孙中山领导的民主革命斗争，汹涌澎湃，迅猛发展，冲击着清政府的反动统治。清政府面对日益高涨的革命形势，垂死挣扎，更加残暴地镇压人民，"围剿"革命。在斗争非常尖锐的时刻，局势十分紧张，若只身潜行回国进行革命工作，无疑是要深入"虎穴"。所以，到清王朝京畿地区的天津，是要冒生命危险的。廖仲恺献身革命，心坚如铁，早把生死置之度外，所以当他在日本接到孙中山的来信后，没有丝毫犹豫，欣然受命，立即复信给在西贡的孙中山，表示接受这一特殊使命。

1906年初，廖仲恺暂时终止在早稻田大学的学习生活，潜身回国，赴天津"设立机关"，无所畏惧地深入敌穴进行工作。这次回国虽只是短别，却充满了慷慨报国的悲壮气氛，临别时，何香凝题写七绝一首，激励他努力报国。诗中的"国仇未报心难死""劝君莫惜头颅贵"等句子，抒发了他们夫妇不畏艰险、不怕牺牲、互相劝勉、献身革命的壮烈情怀，留下了一份珍贵的革命文献。

廖仲恺抵达天津后，住在法国军营中，积极与布加卑少校等接洽联络，翻译文件，并担负同盟会天津主盟人，发展会员。在这期间，天津法国驻军参谋部派出军官7人，会同孙中山指派的黎仲实、胡毅生等一批同盟会骨干分子，分别前往两广、川滇及宁汉等地进行考察革命势力的活动情况。廖仲恺在天津负责同法军参谋部联系，并统管各路活动的进展情况，保持与各地的联络。

同年10月，布加卑和孙中山共同派员调查各省革命势力的活动被清政府密探侦悉，以致与法国的联系遭到破坏。之后，清政府向法国驻北京使馆提出抗议，法国政府禁止使馆同孙中山联系，布加卑亦被调离中国，使廖仲恺在天津协助布加卑的工作随告结束。之后，廖仲恺途经越南河内，返回日本东京。

这时，革命派与保皇派的论战正在如火如荼地展开。以康有为、梁启超为代表的保皇派非常害怕革命，散布"革命会招致列强瓜分中国"等谬论，抵制民主革命思想的传播。为了广泛宣传同盟会的革命纲领，廖仲恺和朱执信、何香凝等在孙中山的领导下，写文章、作讲演，口诛笔伐，给保皇派以有力的回击。他们还通过各种途径，写信给海外的美洲等地的华侨，向他们说明推翻清朝君主专制统治的必要，努力清除保皇势力在海外华侨中的影响，深得海外华侨的同情。

1907年初，廖仲恺又奉孙中山指派，离开东京去香港，协助新加坡华侨许雪秋策划在潮州的起义。廖仲恺由天津赴越南河内然后至香港，结果因失密事泄，起义未能实现。他返回日本东京，继续求学。

这次，廖仲恺考入了日本中央大学政治经济科，专攻经济学。此后两年多，他就在日本一面钻研学业，一面继续从事革命活动，直到1909年6月在该校经济科本科毕业。其时，何香凝已结束了女子师范预科的学习，再次考入目白女子大学，专攻博物科。1907年初，她因胃病加重，不能继续学习，不得不休学疗养。直到 1908 年生下儿子廖承志以后，方才恢复学习生活，但没有重入目白女子大学，而改入本乡女子美术学校高等科，专门学习绘画。在这段时间里，他们夫妻二人一面积极宣传革命，承担孙中山分配的革命斗争实际工作，认真做好筹划武装起义的细致工作；一面还各自注重完成自己的学业，坚持繁重的学习，刻苦钻研。由此，廖仲恺在经济理论方面，何香凝在绘画方面都打下了坚实的基础，为他们日后成为杰出的理财专家和造诣深厚的画家准备了条件。在从事革命斗争的同时，注重完成自己的学业，这是廖仲恺与何香凝夫妻留学生活的一个值得称道的方面。

廖仲恺在天津进行革命活动的经历，使他对北方革命运动进展缓慢的情况有比较具体的了解，对于在这一带开展革命工作所面临的困难和危险程度，他也有充分的准备。所以他在中央大学毕业后，打算设法渗入清朝官府衙门，以合法职业做掩护，来暗中从事革命联络工作和内部的策反活

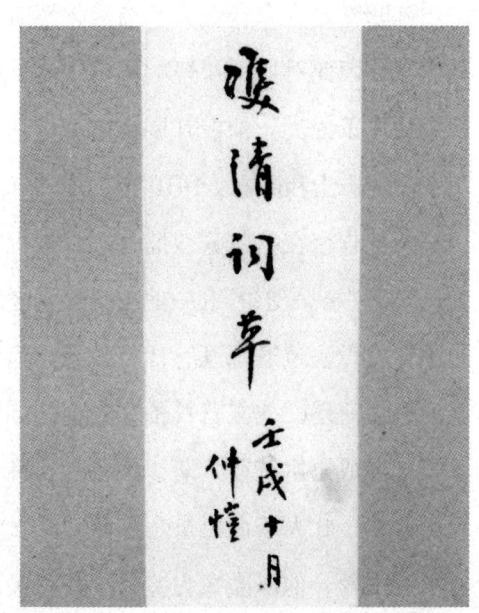

廖仲恺手书"双清词草"

动。他采取了借取得清政府"功名"，以便"入清廷握其政权以成革命工作"的迂回方式，立即偕同友人赶往北京参加了留学生科举考试。考试结果，取得了政法科举人的身份。之后，他被清政府派往东北，在东北边务督办大臣、吉林巡抚陈昭常的公署当译员，协助陈昭常及边务会办大臣吴禄贞办理吉林省延吉地区归回祖国的交涉事宜。

廖仲恺在东北工作一年多的时间里，在"译员"这一公开职业掩护下，往来于吉林、营口等地，进行秘密联络和策反工作，颇有成绩。原来，吉林地区以图们江为界与朝鲜接壤，日本侵占朝鲜后就觊觎这个地方，并在1907年秋制造事端，派出军队渡江侵占了龙峪、光霁等地，强立名目曰"间岛"，妄图吞并为己有。经过廖仲恺协助吴禄贞的努力奔走，与日本当局交涉所谓"间岛问题"，据理力争，同日本侵略者进行斗争，终于迫使日本当局派代表到北京与清政府签订《图们江中韩界务条款》（即《间岛协约》），退回他们所侵占的地方，使这块两年前被日本强占的领土能够较快地从日本人手中被收回。

陈昭常是广东新会人，与廖仲恺有大同乡之谊，对廖仲恺的能力也很是欣赏，因此对这个年轻的译员很是优待。这种关系，为廖仲恺开展革命活动提供了便利。他在开展秘密革命活动的过程中，特别注意掩护从事反清革命的志士和同志。1910年1月30日，发动1908年安庆起义的熊能基，由于叛徒告密在哈尔滨被捕，次日被押解到长春。顽固的陈昭常对于革命党历来是"格杀勿论"的，他决意要将熊能基处死。廖仲恺和其他革命党人，暗中多方设法疏通都没有什么效果。当时，吴禄贞不顾一切地加紧进行反清的革命活动，他派营长柏文蔚会同到东北从事活动的宋教仁，去奉天联系第二混成协协统蓝天蔚，准备在吉林发动起义；还派人赴辽西地区联络民团势力，壮大革命力量。陈昭常又发觉了吴禄贞暗中进行革命活动的一些可疑之处，他以熊案为鉴，准备将吴调走，免生祸端，廖仲恺赶紧从中斡旋，消痕迹于无形，"才相安无事"，使吴禄贞得到了保护。

在这期间，廖仲恺遇见了在吉林省以任提学司科长、劝学总办为掩护从事联络知识界及绿林豪杰反清活动的林祖涵（即林伯渠）。他和林虽早在东京留学时已谋面相识，但没有什么交往，现在他乡相遇，又同在一地从事地下工作，倍感亲切，彼此"时常过从"，由相识到相知，成为志同道合的挚友。后来，在国民党改组时期，林祖涵成为廖仲恺最亲近的战友之一。

1910年2月9日，即旧历除夕之夜，廖仲恺面对着冷雪狂风猛扑人的险恶环境，眼看着自己的同志即将牺牲却难以相助，同时焦虑地思念着仍留在日本的亲人何香凝，饱含感情地填写《菩萨蛮》一首，词云：

> 春回腊照惊孤凤，
> 年来年去愁相迎。
> 边冷雪如尘，
> 随风狂扑人。
> 拥衾寻梦睡，
> 梦也无处寻。
> 便许到家乡，
> 楼台少靓妆。

（廖仲恺：《菩萨蛮——吉林除夕》，见尚明轩、余炎光编《双清文集》（上卷），人民出版社1985年版，第6页）

1910年前后，是同盟会反清起义屡败屡起和清王朝进行顽强斗争的时期。清朝统治者在对革命者进行血腥镇压的同时，又对广大人民进行着残酷的剥削和压迫。廖仲恺面对当前严峻、险恶的形势，无所畏惧，依然勇猛向前。他在这年所写的一首杂感诗中，满怀感慨地叙述了艰险的斗争环境和个人的革命意志和感想，诗云：

> 松柏励初志，
>
> 风霜改素颜。
>
> 遥知南岭表，
>
> 先见早春还！

（廖仲恺：《吉林岁暮杂感》，见《双清文集》（上卷），第 62 页）

这首诗，以诗言志，表达出他矢志献身民主革命的远大理想，以及相信革命事业一定能取得胜利的坚强信念。

在辛亥革命爆发前夕，清王朝的血腥暴行和对广大人民的残酷剥削，激起了不堪忍受的各地群众激烈的反抗，斗争风起云涌，发展很快。据统计，1909 年的群众反抗斗争有 130 多次，1910 年猛增到 290 多次。参加反抗的群众非常广泛，农民、工人、手工业者、市民和商人等都越来越多地参加到了斗争的行列。这些群众性自发的反抗斗争和孙中山领导的连续不断的武装起义，席卷全国，声势浩大，震撼着清朝政府的反动统治，有力地推动革命形势的飞速发展。1911 年初，汉口英"租界"巡捕房警察蛮横地踢死一名中国人力车夫，翌日 1000 多人力车工人举行游行，要求严惩凶手，英国领事竟下令开枪，打死 10 多个游行的工人。驻汉口的清兵不但不制止英军暴行，反而帮助英军镇压中国工人，这一暴行激起了汉口全市人民的愤怒，遂群起抗争。接着又发生了 1911 年 5 月的轰轰烈烈的保路运动，四川革命党人"借名保路"准备武装起义。同盟会员吴永姗（玉章）、王天杰等首先在荣县建立自己的政权。清政府派出大批部队进入四川，顾此失彼，疲于奔命。

正是在这种有利的形势下，同盟会会员组织的两个革命组织"文学社"和"共进社"，于1911年10月在武昌发动新军起义，当天经过一夜的战斗，攻下了总督衙门，占领了武昌城，11日继续攻下了汉阳，12日又攻下汉口。武昌起义的枪声，如晴天霹雳，震动了全国。各地革命党人闻风响应，顿时大江南北、长城内外，到处燃起了反抗帝国主义走狗清政府的烈火。到11月下旬，仅一个多月的时间，全国24个省区中，已有14个省宣布独立，其他各省区也正在进行反清斗争。清朝的反动统治陷入土崩瓦解的局面，中国几千年的封建专制统治即将宣告结束。

武昌起义爆发后，廖仲恺十分欢欣和喜悦。他考虑到吉林反革命势力比较强大，革命力量一时尚难取得胜利，继续留在北方已不能有所作为；同时，又接到了何香凝催其速回家乡的电报，便于11月间只身启程南下，准备赶回家乡广州参加战斗。

广州是一座英雄的城市。自1895年孙中山首次在广州策划起义开始，接连不断地在这一带发生过惠州起义、新军起义和"三二九"起义。许多先烈为了民主革命在这里抛头颅、洒热血，壮烈地献出了他们宝贵的生命。如今，在武昌起义不到一个月的日子里，11月9日广州就宣告共和独立，推举胡汉民为都督，结束了清王朝的反动统治。翌日，胡汉民从香港赶回广州担任都督，陈炯明任副都督，朱执信任枢密处总参议，成立广东省军政府，立即开始了组织都督府的工作。

根据胡汉民的提名，邀请甫抵广州的廖仲恺就任了广东军政府财政部副部长（部长是香港巨商、同盟会会员李煜堂）和枢密院总参议，并兼国税厅长等职。这位在日本专攻经济学的民主革命家，积极参加了建立和巩固新生民主共和政权的斗争。他以广东为活动舞台，开始了他一生为革命理财和实际从政的活动。正如他后来在《忆江南·壬戌双十节，承荔侄女以小册索书，为赋此令》中所云：

画角吹残蛛海月，

战云荡漾汉江潮，

人尽识天骄！

（廖仲恺：《忆江南•壬戌双十节，承荔侄女以小册索书，为赋此令》。见《双清文集》（上卷），第 416 页）

从此，廖仲恺便斗志昂扬、精神饱满地参加了建立和巩固新生的民主共和政权的斗争。

四、全力建设广东民主共和政权

广东刚刚宣布独立，军政府处于初创时期，各个组织机构的建立、财政的恢复和筹措、军民的安抚和处置、省城反动分子的清除、北伐军的筹建和出世，以及社会治安和正常秩序的建立等，头绪纷繁，事事都需全力以赴。廖仲恺以军政府枢密院成员和总参议的身份，不避艰险，忘我地大力协助胡汉民和陈炯明规划并开展工作。他"常出入于都督府议事，至深夜而出"；当时，报纸的时评也曾称赞曰："所有要政，多得廖君襄办"，真是昼夜匪懈，尽心尽力。

当时，财政问题是最为棘手的突出难题。刚光复的广东财政非常困难和紊乱，广州市以外的税收多为驻当地的民军截留，市内的房捐、警卫费等已奉军政府命令一律豁免，又没有清代的部库拨款和各省协饷接济，加上驻军 10 万，日费甚多，管理财政是个艰巨的任务。清两广总督张鸣岐平时在广东尽情搜刮，每年上交北京朝廷之款在 1360 万两以上，居各省之冠，省库早已空虚。他在逃跑前又与其属吏席卷官库余款，并扬言："革命党即得广东，不能守三日也。"财政司长李煜堂谈到当时财政困难的惨状说:"吏役逃亡,席卷饱矣;管钥虚设,库空洗矣;殷富流离,商务凋敝;农工失业,盗贼繁滋;杼袖已空,税厘无着。加以盟军抵省,累万盈千,饷需逼迫,急于星火,既点之金乏术,岂画饼之止饥?"(《胡汉民自传》,载《革命文献》第三辑,总417页)面对如此严峻的形势,廖仲恺不辞辛苦,励精图治,千方百计加以整顿,设法使一切经济来源控制在军政府手中。他为了研究解决经济困难的办法,稳定民主共和新政权,不得不常常和胡汉民工作到深夜,做了大量的实际工作,筹划了不少克服困难的计谋。

武昌起义后,孙中山完成了在美欧进行的外交活动,于同年11月24日自法国乘轮船经南洋回国,在12月21日抵达香港。胡汉民、陈炯明、廖仲恺、朱执信等闻讯,都十分高兴,经过商议,他们决定请孙中山留粤主持一切,以广州为根据地,修治战备去消除北洋军兵力。于是,当天胡汉民偕同廖仲恺便乘兵舰赴香港迎接孙中山,商讨革命形势及应付举措等事。"既见(孙)先生,屏人熟议,自晨至晚",进行了热烈的讨论。胡汉民建议孙中山留在广州,以广州为基地,观察形势,再图发展,并一再要求孙中山与他同赴广州。孙中山拒绝了他的要求,并详细解释了要前往上海、南京,立即组织中央政权的必要性。他分析了当前最大的祸患是无政府状态,如果开创全国大局,建立新政府,则清政府一定倾覆,即使掌握军权的大吏们,也未必能支持它。指出,"四方同志正引领属望,我恃人心,敌恃兵力",因此,革命者不应"避难就易",坚持前往上海、南京,主持国内大计。在讨论中,廖仲恺十分支持孙中山的意见,并要胡汉民也随孙中山左右,协助处理各项事务。最后,胡汉民放弃了原来的主张,根据孙中山的决定,他随同孙中山北上赴上海组织中央政府,广东省都督一职则委托陈炯明代理,由廖仲恺携带孙中山致陈炯明的信函回广州,传达所决定的一切并具体落实。廖仲恺十分高兴地接受了这一任务,使胡汉民得以放心陪同孙中山前往上海。

廖仲恺从香港回到广州，于 23 日向朱执信、陈炯明等传达了他们同孙中山讨论的今后所采取的方针，又向广东临时议会报告赴港会见孙中山的经过，以及胡汉民北上、要求依孙中山嘱托推举都督以补空缺的意见。广东省临时议会遂推举陈炯明代理广东都督。廖仲恺继续担任领导广东财政的工作。

孙中山在 12 月 25 日抵达上海后，中国政治舞台上发生了一系列的事件。首先，12 月 29 日，17 个省的代表 45 人在南京召开会议，选举孙中山为中华民国第一任临时大总统；1912 年 1 月 1 日，孙中山在南京宣誓就任临时大总统职；2 月 2 日，清朝政府被迫宣布退位，统治中国 268 年的清王朝被推翻，统治中国几千年的封建专制制度就此结束。但是，民国临时政府从一开始就处于极不巩固的地位。一方面，投机革命的立宪党人、官僚、政客钻进了这个政权的内部，腐蚀着它的肌体；另一方面，清政府启用了袁世凯来绞杀革命。袁世凯得到国内外反动势力的支持，于 2 月 13 日致电南京临时政府，宣布"共和为最良国体"，声称他将努力"永不使君主政体再现于中国"。2 月 15 日，临时参议院一致选举袁世凯为第二任临时大总统；3 月 10 日，袁世凯在北京宣誓就职，致使辛亥革命很快就遭到挫折，革命的果实被大地主、大买办阶级的代表袁世凯所窃取。

从孙中山离开香港，到袁世凯就任临时大总统职这段时间中，廖仲恺作为广东军政府财政司副司长，主要致力于协助财政司长李煜堂恢复和稳定广东财政、筹措新生革命政权急需的政饷费用。他利用过去留日时所学的政治经济学的专长，做了大量的实际工作，以期尽快地恢复广东财政，稳定新生的民主共和政权。

在征求都督胡汉民的同意后，李煜堂和廖仲恺主持的财政司，采取了劝募"国民捐"、发行债券借饷和流通前清纸币三项有效措施以稳定广东财政。首先，他们利用广大群众的政治热情，向各阶层人士和海外华侨广泛开展募集"国民捐"的活动。据统计，在广东军政府成立的头5个月里，共收到各属各界踊跃捐输的款项126万元。其次，财政司大量地启用和发行纸币，流通于市面，并在广州总商会等认可和支持下，先后从前清藩库、银行等处，提取大清旧纸币1223万元，加盖财政司大印，逐月流放于市面。纸币一时成为广东军政府财政上的支柱。

同时，他们召集广州各行业商会负责人商议，力促工商界恢复经营，确定了货币流动办法，清理各类厘捐、税收；为了弥补亏欠，应付需用，又成立了筹饷局，还发行了广东省地方有奖公债1000万元，向海内外进行债券借饷。由于进行了广泛宣传，号召各界爱国者及国内外华侨踊跃认购，促使公债很快发售完毕。在头5个月里，共借到债饷等达328万元。在11月以后，廖仲恺为解决财经困难，还不辞辛劳地奔跑于广州和北京之间，同北京政府商讨解救广东省财政困难的办法和途径，谋求协助和支持。这些财政措施实施后，广东的财政初步得到恢复，军政府的饷政两费基本得以维持，对稳定广东政局发挥了重要作用。廖仲恺在实施诸多措施的过程中，不仅出谋献策，而且亲自操办。他为此作出的努力和贡献，曾受到人们的广泛称赞。

但是，廖仲恺和司长李煜堂之间，在年龄、教育背景、从政经验、革命思想等方面均有很大差异。李煜堂不谙财政学，理财"只知持筹握算，绝不明了国家之财政大计"，故在一些财政政策问题上往往与廖仲恺意见相左，难得统一。所以，廖仲恺在同年3月间，辞去广东省军政府财政司副司长职，专任军政府参议。

不久，廖仲恺受陈炯明代都督的派遣，以广东军政府专使的身份，于当月26日前往南京，去迎接即将解职的孙中山回广东主理一切，"维持粤局"。孙中山于4月1日正式解除临时大总统职务后，遂偕同胡汉民、廖仲恺、汪精卫等20余人，于4月3日离开南京，途经上海、武汉、福州等地，从香港转乘"宝璧"轮于25日回到了广州。在24日抵达香港时，廖仲恺曾代表孙中山出席了香港各界欢迎大会，并会见了港督。

孙中山抵达广州时，受到各界民众的热烈欢迎，"粤人俱欲望见颜色，不止万人空巷，（孙）先生亦极欢畅"。他的到来，对安定广州的政局起了重要作用。

当孙中山回到广州后，陈炯明以"省亲"名义当晚即离穗赴港，留书请胡汉民代行都督。经省议会正式选举，胡汉民于27日接任都督。不久，在财政吃紧和舆论攻击的双重压力下，李煜堂于1912年5月中旬辞去财政司司长职。5月23日，刚刚35岁的廖仲恺，被委派为广东都督府财政司司长。他成为军政府第二任财政司长，也是最年轻的一位司长。在此后的一年多时间里，廖仲恺"精神奕奕，奋斗不绝"，又一次受命于危难之际，肩负着主管广东的理财重任。他为解除军政府财政上的困境，稳定广东政局，谋求搞好人民生计和奠定经济建设基础，把自己的全部精力投入工作中去。

廖仲恺接任财政司长后，从建设新生革命政权的高度着眼，首先进行了整顿机关的工作。他吸取前任李煜堂因任用亲属、同乡、故旧等私人，使财政司成为舞弊徇私机构的教训，在用人、理财各方面大公无私，坚持用人为贤、按才录用的原则，不滥用人，不接受任何形式的贿赂，使"署中无一私人，收受无一私财"。当时，廖仲恺有一位幼年时的启蒙老师由故乡来到广州，欲求一优等差事，廖仲恺知其除文字抄写，别无他才，便分配给他工资较低的书记工作。而对于学有专长者，他不问认识与否，必予重任。当时造币厂正缺一技师，他从吴乾甫处得知归国的留英学生陈兆基、虞锡麟二人专攻化学，学有专长，才极可用时，便给予充分信用，分别委以造币厂厂长、技师的重任。为了清除财政司中属员不按时上班和工作拖沓的积弊，廖仲恺在财政司办公室建立了每日签到的制度，并以身作则，每日准时上班，陋习因之一扫。为了使下情上达，他经常深入各科、室，巡视工作，听取意见，联系群众，使上下通气，全司上下关系和谐，大大提高了工作效率。他自己生活俭朴，带头节省开支，在司长任上克己奉公，始终廉洁自守，为全司工作人员树立了榜样。他还严格财经制度和纪律，尽力防止司内职员舞弊渔利。在廖仲恺的努力整顿下，财政司的工作井然有序，面貌为之一新。他的这种优良品德，也给人们留下了深刻的印象。当时任职财政司多年的一些人员赞叹说："供职财政（司）十余年，所见长官不少，然无一能及廖之精勤廉洁者！"

与此同时，廖仲恺"考试税务专员，分赴各县掌管各县财政"，整顿全省各县地方财政以增加收入。为了巩固和建设新生政权，就需要维持广东货币的信用和稳定金融市场，以安定政局和民生，这是廖仲恺首先要进行的一项艰巨工作。

如前所述，广东军政府成立之初，库空如洗，收入无着，为了筹措急需的军政饷费，财政司不得不将前清官钱局印制的龙纹 1 元、5 元、10 元旧纸币及成元票加盖新印逐月投放市场流通，同时又于 1912 年"5 月始改发中华民国新纸币"应市。据广州总商会在 1912 年 8 月的调查，当时军政府借用旧纸币额 1201 万元，发行新纸币额 1343 万元，总额为 2544 万元，除去存司库及官钱局的 716 万元，其流通市面者为 1828 万元，并且而后投向市面的纸币仍逐月有所增加。

军政府依靠大量的纸币作为财政支柱，虽解决了政饷两费和恢复了财政金融的运转，但却造成了金融危机。纸币由于无望兑换现银，面值日益降低。币值的贬落，使用价值仅值面值的五成，随之出现了纸币挤兑风潮，造成广东官钱局无法开门，从而引起民众的普遍不满，市场动摇，形势难以控制。

面对这一困境，廖仲恺深切感到"数月以来，纸币价值日益低落。若不速从根本上解决，则政府、商民同受其损"。他认为稳定市场金融和安定商民生计，是关系新生政权安危的大事，便积极采取标本兼治的措施，来维持广东纸币的信用和流通，以渡过金融危机这个难关。

首先，廖仲恺呈请都督胡汉民任命邹鲁为官钱局统办，指定官钱局全力解决纸币兑换的风潮。之后，官钱局专门设立钱庄，暗中每日提高纸币价格若干，以造币厂鼓铸的银毫有限收回部分纸币，用以稳定市面金融。与此同时，在行政措施上，取消原先实行的"纸银各半"的规定，确定以纸币为本位。他呈请都督发出通令，规定"嗣后官商军民人等，凡与市场交易，以及商民交纳钱粮厘金税，一概以纸帛为本位，以银毫为辅助"，并具体规定"一元以上者俱收纸币，一元以下者均用毫银"，并多次召集省港行商会议，订出《实行平换纸币条款》，规定广东纸币自旧历中秋节后"十足流通，低则议罚"，并订出"罚则"，严格执行。这一措施，收到良好效果。

其次，廖仲恺提出借外债筹办广东银行，以改善币制的治本计划。他根据"银行纸币，于本体之性质及其流通的速力，远占优胜"的原理，提出由都督胡汉民出面向外商借债，为设立广东银行之用；由广东银行"以中华民国货币公债票、广东省纸币、银行公债票、外国金银币、生金银及3个月以内到期银单作为保证，发行5000万元纸币"，以"代政府于三年之内，全行收还政府纸币"。胡汉民肯定了廖仲恺这一计划，并指令财政司会同实业司从速筹办银行。然而在实践中，开办广东银行事宜在资金等方面遇到了很大的困难，虽几度筹议，廖仲恺亦作了极大的争取，终无办法开办，只好作罢。

与此同时，廖仲恺为实现财政收支平衡，还采用了一系列开源节流的措施。例如，在开源方面，首先是继续以高利息向省港行商第二次募债共计543余万元（内含协助京饷借款140万元），并开办1912年之特别收入有奖公债。其次，将整理省内赋课旧税和振兴实业，作为"以求岁计均衡"

的主要途径。为增加税赋收入，提出"规复酒捐、蚕丝捐、粮捐、屠捐、房捐、警捐"的规制，并立即开办了其中一些捐税，如所得税、营业税和整顿盐课、渔业、海关等税收；把全省酒税收归官办，减轻税率以防外国酒搀入，并定出严惩漏税的办法。大力提倡扩充官营企业，振兴土货以活跃市场交易，并减轻官营企业的厘税。在节流方面，他着力于统一和改良全省征收机关，严禁各属裁留厘金与税款；严禁奸商偷运私盐漏税；规定各单位编制决算表册，以控制不必要的支出；支持军政府缩编行政官厅和扩大职权范围，裁撤冗员；实行公职人员减支薪俸等。

在廖仲恺的努力整顿下，上述治本、治标各项措施得到综合实施，对军政府财政状况的好转起了巨大作用，促使广东财政工作不久便井然有序，收支不仅基本平衡，还库储有余。到1913年5月初，军政府库存有生银50余万两，双毫300多万元。当他于1912年8月5日解职离开广州时，省库中存有"现洋700余万元，另纸币数百万，此为民国以来财政当局所未见之现象"。

廖仲恺在中华民国建立初年，以极高的工作热情，廉洁自守的优良品德，凭借所学，将自己的全部精力投入建设广东的民主共和政权之中。他在逆境与顿挫里，为稳定广东金融所作出的努力和建树的业绩，是孙中山创建共和民国事业的组成部分。廖仲恺不愧是一位具有"高深经济学识和敏锐手腕"的理财能手，他博得了人们的普遍赞扬，其在广东政坛"一露头角，便有如此成绩，同志们都为之惊叹不已！"

还要值得提出的是，廖仲恺在财政司长任上，提出了一项极为重要的社会经济改革措施，就是推行地价税契法案。这一法案，是在孙中山的提倡和支持下提出来的。廖仲恺忠实地遵照孙中山的主张，为争取法案的通过与实施，付出了艰苦努力。

进行社会革命，实行平均地权的民生主义纲领，是孙中山辞去临时大总统职前后孜孜以求之要事。孙中山说：民生问题，须从税契入手。他认为，"今后吾人所当致力的"，即在"推行平均地权之法"，开办时，"必将各地主契约换过"，将从前照田地面积分"上中下三等"纳税的办法，改为"照价收税"，"若能将平均地权做到，那么社会革命已成七八分了"。为此，廖仲恺亲自主持制定了地税换契法案。

廖仲恺认为更换土地契约法案的主要目的，不仅是筹款增加财政收入，以济当时军政府财政短缺之急，稳定广东政局，还是为着消除社会上贫富不均的弊病，议定公平的征税制度，逐步使土地国有化，进而实现同盟会"平均地权"的土地国有纲领。他在1912年6月12日向广东临时议会报告换契案的内容和主旨时指出：换契法案不单是沿袭中国历来朝代更换必改税契的先例，还是将来广东改革地租以实现孙中山土地照价纳税主张的序幕；并保证将在短期内把广东的租税逐一厘定。他要求广东全省每个土地所有者应将清政府所发的旧地契，以两个月为期，交到军政府进行登记，换发新照。业主可以自由呈报地价，政府按价抽2%的税。逾期仍未换契者，则加倍征税甚至没收土地。廖仲恺强调："目前孙先生发起土地国有问题，亦宜先从租税着手；而欲整顿租税，又必以换契为前提。"

当时，孙中山对廖仲恺的换契案极表赞同，为此他还亲自出面，于6月9日邀集数十名省临时议会议员和20多名记者举行座谈会。在会上，孙中山向报界记者和议员再三强调换契案的重要性，指出："这种单税法，实为平均地权之第一法。""现时中央税法未定。吾粤首先行此地价抽税良法，收入必丰于前，可为各省模范。"要求议员们对廖仲恺所拟定的方案切实讨论，努力鼓吹，以期实现。他对于推行这一法案非常乐观，肯定它必会成功，并且其他各省都会争相效尤。如此，广东改革地租、按地价抽税的良策，就可以成为全国的模范。

从6月中旬到7月中旬，广东省临时议会几次开会审议地价税契法案，反复评议。可是由于广东绅商保守势力的阻挠，换契法案在临时议会中竟处处遭遇挑剔，阻力重重。一直争议到最后，临时议会才在将换契税额减为 1% 并延长换契期限的条件下通过并付诸实行。然而各业主对税契事多持观望态度，税契案实施半年多时间，"所收税契金不过百余万"元，对省财政并无多大补益。

廖仲恺大力推行的地价税契法案，限于当时全国形势正在逆转，广东一隅要实施同盟会的社会革命纲领，缺乏坚实的政治基础，致使换契一事没有能够完全实现。若仅从增加省库收入方面来看，成绩也不是很大。但是，它却有着明显的深远意义，即验证了孙中山"平均地权"社会革命纲领的可行性，以及表达了以廖仲恺为代表的广东革命党人决心实施这一纲领，把广东建设成为模范省的美好愿望。

实际上，仅仅更换契照是不可能解决土地国有问题的。但是，廖仲恺在财政经济工作中积极贯彻孙中山所说的愿望，以及他极力试行单税社会主义的地价税契法案本身，所表现出来的他对于封建剥削者的憎恨、对劳动群众生活状况的真挚同情和对于社会主义的向往，都是值得称道的。

廖仲恺对平均地权的主张是十分认真对待的。他真诚地认为这是救国救民的良方，从 1905 年《民报》创刊到 1919 年五四运动前后，一直致力于宣传它，并力求加以实施。这个时期孙中山主张的民生主义，基本上就是平均地权。廖仲恺说："民生主义这四个字，我们是有个具体内容给它的，这就是我们'平均地权'一个目的，就是我们要拿土地政策来做解决社会经济问题的手段。"（《革命继续的工夫》，中国科学院广州哲学社会科学研究所编：《廖仲恺集》，中华书局 1963 年版，第 70 页）平均地权是中国资产阶级领导革命的一个主要口号。当时中国土地问题十分突出，少数人占有大部分土地，很多农民失掉土地变为佃农。广大农民迫切要求得到土地，解除苛重的租税。资产阶级看出解决土地问题是发展资本主义的前提，也是吸引农民参加革命的关键，但是却没有自己的办法，而西方流行多年的"土地国有"办法既可以发展生产，又能免除资本主义贫富悬殊的弊端，于是便把这个口号写上了自己的旗帜。它的理论主要来自亨利·乔治的学说。如前节所述，为了介绍这种理论，廖仲恺曾在《民报》上发表过乔治所著《进步与贫困》一书的部分译文。1919年他还撰文继续阐发乔治的土地国有论。甚至直到1923年10月，他担任广东省省长时，还专门制定了一个《广东都市土地税条例草案》，详细规定实行平均地权的具体办法，并报请孙中山批准，先由广州市试行。这些宣传和活动，说明廖仲恺一直是忠于孙中山、坚持"平均地权"这面旗帜的。这和其他同盟会员及后来国民党人在辛亥革命后实际上抛弃了这面旗帜的情况相对照，廖仲恺的这种精神确实是十分难能可贵的。

廖仲恺这时阐述的有关财政经济的改革方案，与亨利·乔治的"单税论"是颇相符合的。亨利·乔治的基本信条是：如果把地租缴给国家，那就一切问题都解决了。廖仲恺提出的建议，即土地价值的提高（按乔治的提法就是"自然增价"）所得，应拨给公共事业使用，也表明他是接受了亨利·乔治的理论。按照廖仲恺的计划，政府将允许土地所有者自行规定财产的价格，而以后政府即以此价格为基础来征收土地税。政府按保留登记时定的价格购买该地产的权利。由于廖仲恺受到亨利·乔治的影响，所以他期望将来仅用土地税的收入就能满足政府全部开支的需要，那样就有希望废除一切其他税收了。亨利·乔治的"单税论"实质上是为资产阶级效劳的。然而，在中国资本主义只是有了一定发展的那个历史阶段，所提出的这个方案，触及到了几千年来的封建土地私有制，因而也还是具有进步的意义。

全力协助孙中山先生，积极阐发革命学说

一、在屡踣屡起中苦斗

1912 年 1 月，孙中山组建的中华民国临时政府，从一开始地位就处于尚未巩固的状态。一方面投机革命的立宪党人、官僚、政客钻进了这个政权的内部，腐蚀着它的肌体；另一方面，清政府起用了大野心家袁世凯来绞杀革命。袁世凯得到国内外反动势力的支持。由于中国民主革命派内部意见分歧、财政困难，加上革命党人不能广泛地发动人民打退内外反动势力的夹击，致使辛亥革命很快就遭到挫折，革命的果实被大地主、大买办阶级的代表袁世凯所篡窃。

同年 4 月 1 日，孙中山正式解除临时大总统的职务后，并未意识到革命遭到的重挫，对袁世凯还抱有幻想。他表示不过问政治，以在野的身份专门从事社会实业活动，致力于经济建设的"社会革命"，希望通过实业的振兴使中国富强起来，赶上和超过欧美国家。廖仲恺和中国的其他民主主义者一样，也认为政治革命已经取得成功，当前的主要任务是建设国家。所以，他紧随孙中山之后，将主要精力转移到建设方面，如前章所述，集中力量整顿广东的财务，以实现孙中山将中华民国建设成为一个超乎欧美的富强国家的美好愿望。这些情况表明，以孙中山为代表的革命党人对袁世凯的复辟阴谋丧失了警惕，放松了革命斗争，从而在客观上助长了袁世凯反革命力量的迅速膨胀。随后发生的一系列事变，愈来愈明显地证实了，不仅民生主义的实现尚待争取，就是民族主义和民权主义，原来也并非如他们所估计的那样已经胜利完成或基本实现。

袁世凯做了临时大总统后，进一步投靠帝国主义，并在"民国"这块招牌的掩护下，日益扩充他的反革命实力，加强反动官僚机构，制定反动法令；又在"统一"的幌子下，解散了一些地方革命武装，排挤和镇压革命党人。

孙中山于 6 月 15 日离开广州去上海；8 月 18 日，应袁世凯的邀请，离沪赴北京与袁会晤。8 月 25 日，同盟会以自身为基础，联合统一共和党、国民公党、国民共进会、共和实进会四个小政党合并改组成"国民党"，在北京虎坊桥湖广会馆举行成立大会，孙中山被推为理事长，黄兴、宋教仁等当选为理事。在孙中山、黄兴等人支持下，宋教仁为发展国民党组织、扩大国民党影响，积极展开活动，他以"议会政治""政党政治"为号召，力谋通过取得议会多数议席，出组责任内阁，推行民主政治，以分得袁世凯的部分权力，由国民党执掌国家政权。从 1912 年底到 1913 年初，各地进行了参议院与众议院议员的初选；1913 年 2 月，在北京召开了第一届国会，国民党在两院都取得了显著胜利，成为占有最多议席的第一大党，而宋教仁被孙中山委任为代理理事长，雄心勃勃地准备赴京组阁。

这期间，廖仲恺都在全力对广东财政进行整顿。1913 年 3 月 12 日，他离粤赴沪，准备由上海转赴北京，与财政部商讨国税与地方税的划分问题。在上海时，他与黄兴、宋教仁、于右任等共商支持宋教仁赴京组织责任内阁的计划。3 月 20 日上午 10 时许，廖仲恺与黄兴等到上海车站，欢送宋教仁取道沪宁铁路，由南京换乘津浦线车北上。"至 10 时 40 分顷，由吴仲华君引导，与拓鲁生、黄克强、陈勤宣、廖仲恺诸君（以上系按行次前后序列，宋先生则在陈、廖二君之间）向车站出口处进行，甫至剪票处之旁，枪声即起"（上海《民立报》，1913 年 3 月 21 日），突然有凶手向宋教仁背后开枪射击，紧跟宋后的廖仲恺幸免于难。当时，廖仲恺等立即将宋送医院抢救。由于宋身中毒弹，经抢救无效，于 22 日晨 4 时许溘然长逝。这桩震惊全国的事件，史称"宋案"。

"宋案"的凶手很快就被锁定，大量人证、物证充分证实，主使者正是袁世凯及国务总理赵秉钧。他们忌恨国民党在国会中获胜，便授意内务部秘书洪述祖派遣特务武士英进行了暗杀活动。

接着，袁世凯便倒行逆施，于 4 月 26 日，不惜出卖国家权益，以盐税和海关税担保，向英、法、德、日、俄五国银行团签订了 2500 万英镑的"善后"大借款协定。这个协定的签订，未经法定手续，袁将利用大批借款，以扩充反动军队，准备对国民党用兵，镇压革命。这样，袁世凯这个大阴谋家、大卖国贼的狰狞面目就彻底暴露了。

上海车站刺杀宋教仁的枪声，使革命党人从幻想的迷梦中惊醒过来。正在日本考察访问的孙中山闻讯，立即离日赶回上海，同黄兴等商讨对付办法。他从这个血的教训中猛醒过来，看清了袁世凯反革命的凶残本质，主张武装反袁讨贼，以确保民主共和的胜利果实不被袁世凯葬送。于是，以"宋案"为导火线，爆发了由孙中山领导的讨伐袁世凯的"二次革命"。

1913 年 7 月 12 日，江西都督李烈钧在湖口举兵讨袁，捍卫共和的"二次革命"爆发。之后，安徽、广东等省起兵讨袁，力争保卫民主权利。接着，上海、福建、湖南、四川等省市也先后宣布独立。但是，这时的国民党已经不同于领导反清斗争的同盟会了，它比同盟会更庞杂，充斥着投机分子和封建官僚、政客——其中一部分人原是革命者，但在辛亥革命后把参加过革命当作资本，争着夺权，一步步变成了军阀、官僚、政客。自 1912 年 8 月同盟会改组为国民党后，一直采取无原则妥协的政策，使自身涣散无力，脱离了人民，失去了广大人民的拥护。国民党在军力对比和军事形势上也都处于不利地位，而袁世凯在帝国主义的支持下，军事实力大大超过了国民党，起兵讨袁的各省之间又缺乏统一指挥。各省的讨袁斗争，由于步调不一、各自为战，"二次革命"不到两个月就宣告失败。

从性质上说，"二次革命"是以孙中山为首的革命党人，为了从袁世凯手中夺回辛亥革命果实所进行的一次武装斗争。这次斗争失败后，国民党人急剧分化，有相当一部分人开始动摇，甚至有些人公开离开了革命队伍。廖仲恺后来回顾这种情况时说："辛亥革命失败的原因是什么呢？就是一班同志，只顾自己，不顾国家，与私人没有利益的，便不去做。所以清政府被推翻以后，争权的争权，夺利的夺利，一直弄到丧失革命的原意。"（《革命党应有的精神》，尚明轩、余炎光编：《双清文集》（上卷），人民出版社1985年版，第653页）但廖仲恺不仅没有倒退，而且也没有因为失败影响斗志，仍积极地继续进行革命斗争。

"宋案"发生后，廖仲恺于1913年4月22日返回广州。他在途经天津时，曾调查了施行所得税细则，拟在广州区先行试办。几天后，于26日又启程北上，5月中旬到达北京，6月上旬再返回广州。由于形势的风云变幻，他行色匆匆，席不暇暖。他的主要任务还是解决广东财政经济问题，力图实现建设广东为模范省的初衷。不过，在后一次赴京期间，为争取当时的国会议员反对袁世凯，廖仲恺曾奉孙中山之命，一面处理有关财政的问题，同时又暗中配合国会中国民党反对袁世凯御用政党的斗争。他走访相关议员，揭露袁世凯的反动面目，说明组织反袁斗争所应采取的措施和步骤，尽力争取一些议员站到反对袁世凯一边来，设法控制袁世凯的权力，取得了一些成果。后来，廖仲恺的秘密活动为袁世凯的侦探侦知，廖仲恺被列入捕杀的名单。就在袁世凯发动对革命党人大搜捕的前夜，廖仲恺得到友人密告，星夜只身离开北京，经天津返回了广州。而当时与廖仲恺时相过从的粤籍国会众议员伍汉持，则于8月1日在天津被袁世凯逮捕，旋即惨遭杀害。

这时，形势已经异常危急。6月9日，袁世凯下令免去国民党人李烈钧的江西都督职务；同月14日，又下令免去胡汉民的广东都督职务，以陈炯明继任。当时陈炯明的部属很多已被袁世凯秘密收买过去。到8月初，由于广西军阀龙济光与驻粤将领合谋依附袁世凯，反戈进攻广东军政府，使局势逆转。8月3日，驻广州沙河的陆军变乱，陈炯明仓皇出走。5日，广州讨袁军失败，广东军政府也随之瓦解。

广东革命政权瓦解之后，廖仲恺于5日剪须易服，与何香凝携子女梦醒、承志仓促离开住所出逃，避往沙面，翌日转赴香港。龙济光率所部进驻广州后，秉承袁世凯之意，先后下令悬赏缉捕胡汉民、廖仲恺等人，标明有缉获廖仲恺者，"赏银一万两"。他在广东各地遍贴缉拿革命党人的告示，务要"逮捕归案"。所以，香港英国殖民政府即视廖仲恺等为"政治犯"，不许居住逗留，限48小时内离境。他们被迫改道前往神户，再度亡命日本，与被迫已流亡日本神户的孙中山会合。稍后，廖仲恺偕胡汉民又随孙中山移往东京。

这样，中华民国的缔造者，以孙中山为首的一大批革命党人，都被迫不得不怀着深深的悲痛离开自己的祖国，去日本重度流亡生活。经此挫折，不仅民生主义化成了泡影，民主共和国也名存实亡，胜利果实转瞬间全部丧失，这些是廖仲恺万万没有料到的。

1913年8月中旬，廖仲恺夫妇带着子女抵达东京之后，在东京千驮谷的简陋小屋中安下家来。廖仲恺即与胡汉民、朱执信等同住在一起，他们几人当时"结庐读书，隐居郊坰"。胡汉民著文形容当时的情形说："兄弟与廖先生即亡命海外，同居一处，有一年之久。海外人士看见我们那种亡命的生活，很以为怪。他们晓得兄弟做过广东都督，尤其廖先生曾充一年的财政厅长，料想我们一定有钱。不意我们二人同住一处，只两个简陋的房间，会客、吃饭、睡觉都在里面，每月的房租20元，其他各项开支亦都很省。"（胡汉民：《廖仲恺先生精神不死》，尉素秋编：《廖仲恺先生》，江西省文化运动委员会1943年版，第89页）

廖仲恺在东京艰苦的流亡生活中依然积极地为革命而奔走。特别是由于能够和孙中山经常相见，可以在孙中山的直接领导下策划反对袁世凯的斗争，所以他更积极地全力投身于新的斗争。他完全有别于当时亡命日本

1914 年 7 月，中华革命党成立于东京。

的多数国民党人对革命和讨袁失去信心、悲观失望情绪甚浓的情况；更不齿于少数党人或因绝望而离开国民党，或为谋取官禄而投靠袁世凯的行径。

孙中山在日本期间，痛苦地总结"二次革命"失败的教训。他认为"二次革命"之失败既"非战之罪"，亦"非袁氏兵力之强"，而是败于"同党人心之涣散"，是国民党内部无组织无纪律，丧失了革命精神的结果。因此，孙中山坚决主张取消旧国民党，另组中华革命党代之，重举革命旗帜，继续斗争，并表示要用"以前反对君主专制之决心"，坚决反袁，"以竟辛亥之功"。

重新组织的中华革命党，为加强组织纪律观念，规定入党者都要按指印、立誓约，绝对服从孙中山，以便在艰难困苦中举行"三次革命"。当时相当多的老革命党人强烈反对按指印、立誓约的做法，其中包括和孙中山并肩战斗多年的黄兴等。他们宁可离开孙中山，也不愿履行这一手续。而廖仲恺则是全力支持并尽力协助孙中山组织中华革命党的工作。他与孙

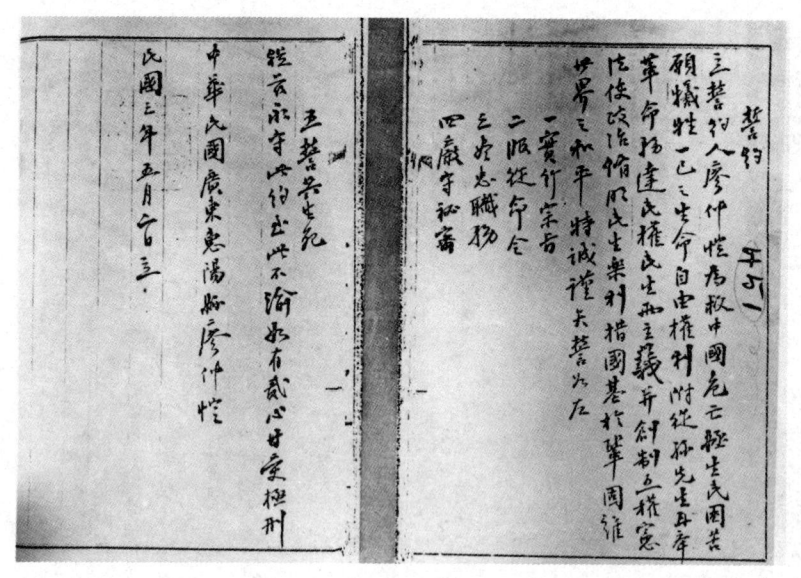

廖仲恺加入中华革命党的《誓约》

中山长期交往，友谊甚深，特别是由于对封建军阀朝秦暮楚破坏革命行径的体会，使他坚信必须有一个在孙中山领导下的纪律严明的团体，才能使革命成功。廖仲恺认定孙中山对国民党的分析是正确的，抛弃国民党而重组中华革命党是必要的。所以，他在中华革命党筹组阶段，就正式宣誓参加。廖仲恺在 1914 年 5 月 2 日亲笔所写的誓约书中，坚定地表示："为救中国危亡，拯民生困苦，愿牺牲一己之生命、自由、权利，附从孙中山再举革命。务达民权、民生两主义，并创制五权宪法，使政治修明，民生乐利，措国基于巩固，维世界之和平。"（廖仲恺参加中华革命党的《誓约书》，原件影印）中华革命党是此后在 1914 年 7 月 8 日于东京筑地精养轩宣布正式成立，并公布《中华革命党总章》的。

中华革命党总部设于东京，孙中山被推选为总理，下设总务、党务、财政、军事等部。《中华革命党总章》规定，党的宗旨为"实行民权、民生两主义"，以扫除专制政治，"建设完全民国为目的"，将民权主义重新规定有待争取的奋斗目标，要坚决反袁，重建民国。同年 9 月中旬至 12 月中旬，孙中山在 3 个多月时间内，于东京赤坂区灵甫坂主持召开关于制定中华革命党《革命方略》的讨论会 17 次。所谓"革命方略"，实际上是组织革命军发动革命战争，以推翻袁世凯反动统治的方略。与会者有胡汉民、田桐、谢持、许崇智、居正、杨庶堪、戴季陶、陈其美等。廖仲恺非常认真负责地参加这些讨论与审议，在会上积极发表个人意见。在讨论会上，大家揭露了袁世凯妄图称帝的野心，明确地把军事起义定为《革命方略》的主题，将武装倒袁放在第一位。会议确定中华革命军的纲领为："一、推翻专制政府；二、建设完全民国；三、启发人民生业；四、巩固国家主权。"《革命方略》规定，中华革命党总理就是中华革命军大元帅，监督、指挥全国的军事行动。廖仲恺被孙中山指定审查大元帅府组织、关于维持民食整理金融各项、陆军部和海军部官制等条例，并负责起草海外支部长和职员委任的详细章程等工作。

1915 年 2 月 12 日，廖仲恺被委任为中华革命党财政部副部长。由于财政部部长张人杰体弱多病，就职部长后，就"声请健康不佳，由副部长廖仲恺主持"，实际上财政工作的重担完全落到廖仲恺肩上。当时，财政十分困难。孙中山曾在致友人马里夫人的信中说："在我们的一切困难中，财政是主要的困难。"在孙中山指导下，廖仲恺挑起了中华革命党的理财重担。他为了发展党务，给宣传、军事、政治等方面的活动提供必要的经费，分别制定了各种筹款和公债条例，并千方百计向各方面筹款，克服重重困难，竭力从财政上支持中华革命党的讨袁斗争。他成为孙中山统筹中华革命党进行武装讨袁的得力助手之一。

与此同时，鉴于武昌起义以来革命党人思想一度异常混乱，廖仲恺深感理论宣传与思想论战工作的重要。他为增强党员与民众讨袁的革命信心，积极开展了改革人心和抨击袁世凯罪行的理论宣传工作。为此，廖仲恺热心支持 1914 年 5 月创办的理论刊物《民国》杂志月刊。在刊物上,以大量篇幅揭露与抨击袁世凯破坏民国《临时约法》、图谋复辟帝制的罪行,宣传中华革命党所确定的革命宗旨,唤起人们的斗志,鼓舞人们的胜利信心。所有各期"无不本'革命'、'讨袁'之精神,以为宣传"。廖仲恺是该刊物的编撰之一,并热心为其撰写文章和译稿,在迄今仅见到的五期中就有四期刊载了他的文章。在杂志的第一、第二、第四期上,廖仲恺以"微尘"为笔名,先后连译并发表了英国学者何思敬所撰的《大私归士》一文。在杂志第三号上,他又以同一笔名翻译了阿斯吐哥士奇所撰的《社会威力为政治生活之本》一文。两篇译作,虽然是翻译,却都是为密切配合中华革命党的革命宣传而发,有鲜明的针砭性。前文是为了唤起人们,特别是革命党人扫荡见利忘义、追逐名利的劣根性,奋起投身到为国为民谋福利的火热斗争中去。后文及他特为译文撰写的针对当时出现诟骂民主政治谬论的长长一段"按语",正是有力地反驳了袁世凯一伙攻击政党政治、鼓吹取消民主共和的谬论,号召人们起来抵制帝制逆流,为重建民主共和制度而斗争。

袁世凯是近代中国封建买办势力的代表人物,他和孙中山领导的民主革命是水火不相容的。他耍弄阴谋权术窃取了辛亥革命的胜利果实,又靠镇压革命当上了大总统。之后,他强令解散国会,宣布废弃《临时约法》,1915 年 12 月公然称帝,梦想恢复封建专制统治。为了取得帝国主义国家的支持,他还先后和俄、美、日、英等国签订过一百多个不平等合同、协定和条约,大借外债,拍卖税收、铁路、矿山和领土等主权。袁世凯的倒行逆施,遭到全国人民的强烈反对。孙中山先后发表了《讨袁宣言》和《第二次讨袁宣言》等,揭露袁世凯的"暴行帝制"罪行,表示要坚决除去民贼,拯救民国。

早在 1915 年夏末,廖仲恺参加了孙中山召集的中华革命党各部长会议,决定成立中华革命军东南军、东北军、西北军、西南军四个总司令部，组织军队讨伐袁世凯，发动第三次革命。之后，孙中山先后指派陈其美、居正、胡汉民和于右任，分赴上海、青岛、广州、陕西三原等地秘密组建中华革命军，在各地组织暴动，部署起义。此时廖仲恺积极协助孙中山统一筹划、联络和指挥，还受命接待到东京汇报南洋情况的罗翼群，布置工作。同时，多方购置枪支弹药等物资，及时秘密地运送到各地革命军所在地。正是各地革命军不断发动武装起义，开创了良好的革命局面，并推动了蔡锷于1915年12月25日在云南起兵，发动护国战争。全国军民群起反抗的浪潮，迫令袁世凯于1916年3月22日宣布撤销"承认帝制案"，把袁世凯连同他的皇帝梦一举扫进了历史的垃圾堆。

1916年4月9日，廖仲恺和孙中山、宋庆龄以及一些日本朋友等，在东京举行庆祝袁世凯帝制失败的集会。这次集会，在支持袁世凯复辟帝制的日本帝国主义后院点了一把火，是对袁世凯及其后台的再次沉重打击。

同年4月27日，廖仲恺随同孙中山乘"近江丸"离开日本启程回国，于5月1日到达上海。当时，孙中山进一步明确提出：斗争"不徒以去袁为毕事"；"袁氏破坏民国，自破坏约法始，义军维持民国，固当自维持约法始"。他表示："袁氏未去，当与国民共任讨贼之责；袁氏既去，当与国民共荷监督之责，决不肯使谋危民国者复生于国内。"廖仲恺完全赞同孙中山的这些主张，并积极参加孙中山为维护民国而进行的斗争。5月25日，他被孙中山特派为专使赴山东青岛，代表孙中山慰问和视察连克20余县且声势最大的中华革命军东北军。他先后到山东潍县、即墨、寿光、高密及诸城等地，连续10多天风尘仆仆地深入部队和地方基层，慰问各部将士。对做出特殊成绩的中华革命军东北军第二师及高密县的民政部门，给予鼓励和表扬，并授予了孙中山手书的匾额。当袁世凯6月6日自毙于"新华宫"、黎元洪继任大总统后，廖仲恺对中华革命军东北军的领导人居正、

1916年4月9日，孙中山、宋庆龄等在日本东京友人田中昂寓所举行声讨袁世凯集会时的合影。

许崇智等人谈论今后的局势和对策时，郑重地指出："目下，袁世凯死了，黎元洪是看印总统，大权都在老段（即段祺瑞——引者）的掌握之中。段是日本的忠实奴才，未来的种种变化，谁也不能预料，我们必须时时刻刻提高警惕。"要他们密切注视局势的动向，切戒麻痹大意。此后时局的演变，果然不出他所料。

这时，中华革命党本部已迁至上海环龙路（今南昌路）44号，孙中山的寓所就在本部对面，廖仲恺和朱执信、胡汉民等人则与孙中山同住一处，朝夕过从。讨袁战争告一段落后，孙中山和一部分革命党人，曾将袁世凯自毙，黎元洪复约法、召国会，误估为"推翻专制，重造民国"的目的已经实现，因此通令各省革命军停止军事行动，甚至直接提出，必须"息纷争，事建设，以昭信义，固国本"。

在国内政治形势急变的时刻，廖仲恺紧随孙中山身边，协助孙中山办理收束军队、偿还讨袁华侨革命债款、发展北方党务等工作。1916 年 7 月 14 日，他奉孙中山委派，与许崇智、蒋介石等人一道赴山东潍县（今潍坊市），向中华革命军东北军传达孙中山"罢兵"之意，与居正等人"面商"军队收束各事。不久，他返回上海复命。

1916 年 9 月 8 日，为贯彻孙中山的恢复约法与国会的主张，廖仲恺又奉孙中山之命，同胡汉民一起离开上海北上，代表孙中山到北京和黎元洪、段祺瑞商讨国是，向其宣达孙中山之意，并从事扩展中华革命党党务的工作。他在北京圆满完成了所担负的使命，还观察了北京的政治局势并办理了偿还华侨革命债务事宜后返回上海。

廖仲恺返回上海时，因山东讨袁军事结束，以夏重民为队长原驻扎在潍县的华侨讨袁敢死先锋队数百人，已于 1916 年 9 月底奉命集中上海，暂驻于徐园。10 月初，廖仲恺即奉孙中山之命，到徐园慰问队员。当时，队员需用较多的膳食及遣散费，而中华革命党的财政拮据。廖仲恺奉命把华侨赠给孙中山代步的汽车变卖后，仍不足用。他为此四处奔走，向各方筹措，得到南洋烟草公司经理简照南捐助 3 万元，才解决了问题，"发给每人大洋 300 元"，作为遣散费。

袁世凯的自毙及其帝制的失败，事实上并没有能够使约法真正实施和国会真正行使职权，其结局并没有使人民获得胜利。帝国主义各国虽失去了袁世凯这个共同的走狗，可是，他们又各自扶植其他军阀充当自己的代理人，致使中国出现了极其混乱的局面。各派军阀割据充霸，纷争混战，祸国殃民。继任总统的黎元洪确实是一个徒有其名的"看印总统"，掌握北京政府实权的是国务总理段祺瑞。段祺瑞是皖系军阀的头子、日本帝国主义的走狗，他承袭了袁世凯的反动衣钵，对外肆无忌惮地拍卖国家主权，以换取帝国主义的支持；对内为了毁弃《临时约法》，解散国会，排挤黎元洪，他和北洋军阀、旧官僚政客沆瀣一气，纵容张勋捧出宣统皇帝复辟。在假手张勋赶跑黎元洪以后，他便组织"讨逆军"，取张勋而代之，推冯国璋为总统，而自己以国务总理的身份独揽大权。他妄图消灭以孙中山为首的民主革命势力，实现"武力统一"，一心追逐的是建立北洋军阀的独裁统治。

事实又一次教育了人们。段祺瑞上台后一年多的作为，使孙中山看清了他不过是一个"以假共和的面孔，行其专制之手段"的造乱之徒。他看到，民权主义依然没有实现。袁世凯公然复辟帝制，固然是背弃民权主义；段祺瑞保留共和国的形式，骨子里行专制之实，同样是背弃民权主义。这时，是否坚持约法，是否承认国民党人占优势的旧国会依然合法，成了真共和与假共和的斗争焦点。不打倒段祺瑞，不推翻其统治，中国无法实施《临时约法》和实现真共和民国。因此，孙中山对于段祺瑞的独裁统治，采取坚决斗争的态度。

从 1917 年 5 月开始，孙中山不得不重新投入捍卫《临时约法》与共和制的斗争。他手中没有自己的武装，为了同北洋军阀相对抗，便亲自几次与"海军总长程璧光磋商，希望海军也参加护法的行列"；并派遣廖仲恺、何香凝到海军官兵及其家属中做发动工作，争取他们共同举起护法义旗。张勋复辟的消息传来后，孙中山于 7 月 3 日召集唐绍仪、程璧光、章炳麟等以及海陆军军官多人，在上海寓所召开重要的决策会议，商定通电全国，即日动身南下广州，发动护法战争。

孙中山到达广州后，电邀参、众两院议员南下参加护法。8 月 25 日，抵粤的 120 多名议员在广州召开非常国会。9 月 1 日，国会非常会议选举孙中山为中华民国军政府大元帅。孙中山即组成军政府，通令讨伐段祺瑞，号召举国奋起，"讨灭伪政府，还我约法，还我国会，还我人民主权"。他依靠支持护法的海军第一舰队和"暂行自主"的西南桂（广西）、滇（云

廖仲恺在护法军政府时期与孙中山合影

南）等地方军阀力量，开始发动护法战争，以"树立真正的共和"。

廖仲恺坚决支持孙中山的决定。当时，要南下护法在经济上极为困难，为讨袁向海外华侨的筹款早已停止，中华革命党本身又缺乏存款，廖仲恺便奉孙中山指令，担负起理财以支持护法斗争的重任。他四处奔走，频频同德国驻沪领事及在上海的德国犹太人、富商哈同接洽借款事宜。几经磋商之后，遂以"孙中山以个人名义担负，经仲恺借入现款……139万元"，解决了当时南下护法的燃眉之急。

1917年7月6日，孙中山协同章炳麟、朱执信、陈炯明等人及部分国会议员，登上"海琛"号军舰，驶出吴淞口，离开上海赴广州，准备以广东作为护法革命斗争的基地。廖仲恺仍暂留上海，从事筹款及接洽海军、联络北方国会议员南下广东等工作。

广东护法军政府成立之后，为解决面临着的财政极度困难，孙中山电召廖仲恺急速由沪归粤。1917年9月18日，廖仲恺与何香凝离开上海南下广州。9月25日，他出任中华民国军政府财政部次长，旋又奉孙中山之命特任为署理财政总长，再一次担负起筹措经费以支持孙中山进行革命斗争的重任。

当时，桂系广东督军陈炳焜、莫荣新先后把持地方财政税收，不让军政府插手，造成军政府因得不到正常稳定的财政收入，处境拮据，陷入极度困境。在一段时间内，"国会经费及海军军费不能依时如数发给；帅府所属职员，当时亦无薪可发，各人不分职级，每人每月只能领到广东毫洋20元，仅足供个人食宿之用"。为了筹措维持军政府与护法战争所必需的财政经费，廖仲恺呕心沥血，费尽心机，多方张罗，筹募款项。

首先，由于地方税收无着，不得不把主要筹款目标放到海外。廖仲恺以军政府名义动员海外华侨捐款——尤其是南洋及美洲各埠华侨方面。他尽力对菲律宾、星洲等中华革命党支部发电催款，敦促他们"鼎立维持，源源接济，俾师行无阻"。同时，又请求孙中山派出冯自由、邓子瑜等人，前往美洲、南洋各埠，促进劝募工作的进行。一时间，吉隆坡、槟榔屿、缅甸、新加坡、檀香山等各埠的华侨，纷纷认购公债券，陆续不断地汇款给广东军政府。从1917年10月至1918年6月中旬的8个多月时间里，军政府共收到海外华侨各项捐款相当于同时期军政府财政收入的一半，有力地支持了护法斗争。

其次，廖仲恺协助军政府与沙面领事团进行交涉，争得领事团每月拨交军政府盐税40万元，指定其用途为："10万元为国会经费，5万元为本（军政）府经费，13万元为海军军费，9万元为广东财政厅例拨还款，其余悉数给前敌军饷。"（《军政府发行公债数及用途——军政府财政部长廖仲恺致非常国会公函》，上海《民国日报》，1918年6月6日）

第三，在国内募集公债。廖仲恺呈请孙中山咨转广州非常国会批准发行军事国内公债5000万元，以供军政费用。为此，他主持的财政部设立了筹饷公债局，采取一系列有效办法和得力措施，向广东省内及广西、湖南等护法军政府势力所及地区募集公债。在半年多的时间里，筹饷公债局共发行公债1555万元。这些措施增加了政府收入，缓解了困难，从财力上支撑着广东护法军政府。

廖仲恺在实行上述各项筹募军政费用措施的过程中，规定了严格的财经纪律，比如对于债票的销售、数目的报告、债票号码的呈报及存根表册的缴送等，都做了明确的规定，一丝不苟。与此同时，他还不断地向海外侨胞广泛宣传护法的目的和意义，提高人们的认识和积极性。他指出：孙中山"整军经武，以靖国难。吾党目的不仅反对复辟，且图建设真正之共和国家"，"今共和国家已被奸人推倒，应共任维持之责"，号召华侨在海外竭力筹款，以济军用。正是廖仲恺开拓财源的紧急措施和得力宣传，才能在短短时间中筹措到一笔可观的经费，使军政府得以突破桂滇军阀的重重压迫而在广东立足。这既表现了廖仲恺卓越的理财才能，也反映了广大海外华侨及国内人民对孙中山所领导的革命事业的热心赞助和支持。

护法战争开始时，护法军政府曾有过不小的声势，它唤起了粤、桂、湘、滇、川等省先后进行护法战争。但由于西南各地方军阀的牵制与破坏，各战场从来没有能统一行动。北洋军政府一面加紧军事进攻，一面加紧玩弄政治诱和把戏，西南军阀中妥协的声浪日高。

就护法军政府本身而言，实际上是"有府"而"无军"，既缺乏坚强的军事实力，又没有坚实的群众基础。西南桂滇军阀实力派对广州军政府持不合作甚至敌视态度，根本不听孙中山的号令，所有军政府的军事实权都落在西南军阀手里，使其"命令不能出府门"。在这一情势下，孙中山领导的护法运动尽管有它的维护民主、重缔共和的时代进步性，却不能使他的护法主张真正贯彻执行，也决定了护法斗争难以成功。

当时，为了巩固军政府的地位，廖仲恺积极支持孙中山组织武装"援闽粤军"。1918年初，粤军在汕头整训期间，廖仲恺在财政困窘之中仍按月拨给军饷 6 万元，并支持陈炯明必要时截留潮盐款项以为军用。同年 1 月底，廖仲恺还从"防务经费项下拨交国会正式会议经费 50 万元"，支持孙中山速行召集正式国会，以抵制西南军阀唐继尧等人的妥协拆台行径。可惜他的种种支持护法运动的努力，未能挽回失败的命运。

1918 年春季，桂系军阀陆荣廷、莫荣新和滇系军阀唐继尧在帝国主义操纵下，与北洋军阀勾结起来。他们为了排挤孙中山，配合政学系的政客，在 4 月 10 日的非常国会第七次会议上提出改组军政府，取消大元帅一长制，而代之以桂、滇军阀和政客合伙操纵的总裁合议制。5 月 4 日，非常国会通过《修正军政府组织法》，改设七总裁，进一步剥夺了孙中山的职权，使他无法立足。孙中山痛切地感到，南方军阀和北方军阀如一丘之貉，于是他愤然辞去大元帅职务，怀着沉重的心情，在 5 月 21 日黯然离开广州，再次去上海。至此，孙中山发动的第一次护法斗争归于失败。

辛亥革命后的短短几年中，经过了二次革命、反袁的三次革命及第一次护法运动三次大起大落，尽管屡踬屡起，最后却都是以失败告终。中华民国建立已经 7 年，非但民生主义的实现仍在虚无缥缈之中，民权主义的

1918 年初，廖仲恺、何香凝和子女在日本汤和源合影。

84

实现再次成了泡影，连同原先以为已经实现了的民族主义，看来也只是徒具形式，因为民族危机依然严重。这一切，究竟根源何在呢？下一步应该怎样奋斗呢？ 1918 年 6 月 26 日，孙中山经日本抵达上海；不久，廖仲恺在广州办理完财政部移交工作和为援闽粤军募集到经费后，也离粤回沪。他们在上海一起开始认真总结革命斗争连续失败的教训，对三民主义的理论进行重新思索与探求，以便重新认识中国民主革命应该走的道路。

二、对三民主义的重新思考

第一次护法运动的失败，使孙中山既深感自己"没有一点实力"之苦，又深深察觉到中华革命党里隐藏着严重的涣散问题。他从广州返回上海后，对党内出现涣散现象的根源重新做了思考，"整顿党务，先固内力，不足以及时奋起"。因此，他开始把整顿和发展中华革命党及将之改组成中国国民党的重心，放在党的思想理论建设方面。

孙中山认为，他一贯的革命主张未能实施，国事日非，"实多以思想错误而懈志也"，于是开始写作《孙文学说（心理建设）》。在同年 12 月 30 日写成的《孙文学说》的序言中，他将许多革命党人对革命宗旨、革命方略信仰不笃、奉行不利的一个重要原因，归结为"知之非艰，行之唯艰"的错误思想深入人心，"故先作学说，以破此心理之大敌，而出国人之思想于迷津"。他提出了"知难行易"学说，企图用以取代"知之非艰，行之唯艰"的观点。而为了解决"知难"的问题，他又把主要精力转到闭门著书立说，进一步阐明革命宗旨、革命方略，冀以学说启发革命党人，从制造革命舆论入手，唤醒国民和社会，"建设一政治最修明、人民最安乐的国家"。（见《孙中山全集》第六卷，第 158—159 页）

1919 年的"五四"反帝反封建爱国运动，使孙中山深受鼓舞，他不仅自己潜心著书立说，还授意廖仲恺、胡汉民、戴季陶、朱执信等人，创办理论宣传刊物《星期评论》和《建设》杂志，共同研讨和宣传三民主义理论。

还在五四运动以前，1918年夏季，因为第一次"护法运动"的失败，廖仲恺离开广州到上海后，并没有松懈革命斗志，而是积极辅佐正在摸索继续前进方向和道路的孙中山进行理论宣传工作，以加强理论宣传，从事理论建设。事实上，正是在孙中山的号召与直接推动下，廖仲恺也跟随着把重振中华革命党的工作重点，放到了理论思考与革命宣传上来。

1919年6月8日和8月1日，廖仲恺和朱执信、胡汉民等，在接奉孙中山的指派后，即在上海创办了《星期评论》（《民国日报》附刊）和《建设》杂志，作为宣传民主革命理论的阵地，阐发和传播孙中山的学说，以"激揭新文化之波澜，灌溉新思想之萌蘖，树立新事业之基础，描绘新计划之雏形"。孙中山极为重视创办的刊物，他特为《建设》杂志撰写了《发刊词》，明确指出：中华民国成立8年以来，"国际地位，犹未能与列强并驾；国内则犹是官僚舞弊，武人专横，政治捣乱，人民流离"，所以如此，在于"革命破坏之后而不能建设也。所以不能者，以不知其道也"。创办这一刊物之目的，即是"以鼓吹建设之思潮，阐明建设之原理，冀广传吾党建设之主义，成为国民之常识；使人人知建设为今日之需要，使人人知建设为易行之事功。由是万众一心以赴之，而建设一世界最富强、最快乐之国家，为民所有、为民所治、为民所享"。（《建设》，第一卷第一号）

1919年6月以后，廖仲恺本着救中国的愿望，用极大的精力投身对三民主义思想的积极宣传与重新探索。与中华革命党其他许多宣传家相比，廖仲恺的特色在于他更多地注意中国的现实，时刻不忘从政治实践本身寻求前进之路。

环顾国内形势，廖仲恺指出，中华民国成立已经8年，而国无宁日，内忧外患接连不断，已处于痉挛麻痹之病态。他认为其根本原因在于民主权利已经旁落而散失。本来中华民国主权在民，一切政治均应由此而发。中国问题的症结，就在于政治问题没有解决。廖仲恺以为，这个问题不解决，其他一切问题都无解决的希望。而政治问题的解决，归根结底就是使中华民国的主权回复到国家的主体，即人民的身上，要使广大民众能够行使自己的主权。因此，廖仲恺这期间对三民主义的宣传和新探索，首先表现在潜心于对三民主义的核心——民权主义的宣传与新探索的工作中。

在《星期评论》与《建设》杂志先后创刊并发行后，廖仲恺既是这两种刊物的主要撰稿人之一，又受孙中山指派担任《建设》杂志的编辑。在这期间，他翻译了《进步与贫困》和《全民政治》两本书，又和朱执信、林云陔、马君武四人合译了孙中山用英文写成的《实业计划》，在《建设》杂志上从第一卷第一号起连载。此外，他还撰写了《三大民权》《中国人民和领土在新国家建设上的关系》《革命继续的工夫》《女子解放从那里做起》和《国民的努力》等10多篇政论文章，陆续在《星期评论》《民国日报》《建设》杂志上发表。

廖仲恺在这期间的论文与译作中，介绍了欧美的资产阶级民主政治制度，结合中国的社会现实，主要是阐发孙中山的革命主张及其最新著作《孙文学说》，反对封建军阀的罪恶统治，号召人民起来与封建势力作斗争；另一方面则针对中国那种"像个死物僵尸"的政局，从现实政治实践本身探索解救的方法，希图从中找出拯救中国的途径。

当时，廖仲恺同其他中华革命党人一样，有一种不正确的观念，认为随着辛亥革命的"胜利"，民族主义已告实现。因此，他这期间著述的中心，是阐述三民主义中的民权、民生两个主义。但是，在这两个方面，廖仲恺除了阐发孙中山的一些重要观点，还有不少新的见解。他下笔成文，往往切中时弊，一语见的。其中值得注意的有下述诸点：

首先，廖仲恺对封建军阀在国内的统治极为痛恨，表示了同这种统治不能并存的决心。他认为南方军政府改组之后的整个中国政局，"简直像个死物僵尸"，腐烂已极，"再坏没有了"。"南方有政府，北方也有政府。北方政府里有无数无形的政府，南方政府里也有无数无形的政府。南方有南方的军阀，人民无可奈何；北方有北方的军阀，人民也无可奈何"。这样，就造成了一群封建军阀加官僚、政客争权夺利的混乱局面，使国家黑暗到了极点，把人民赶到了死亡的边缘。在他看来，中国政局混乱的主要原因，就是军阀有权、人民无权。人民的主权"中途被强盗抢了去"，成为"那些拥兵的军人，和依傍军人的政客所专有"，造成了"权利中心傍落散失而不能聚"，"私人党派间之窃得一份者，各因其势，互为牵制，互为抵消"，使整个国家成为瘫痪状态，以致"中华民国成立 8 年，变乱侵寻，迄无宁岁……全国政象，久已入于挛痉麻痹之病的症候"。他强调指出："国家政府能够活动，是要对人对物都有一种力量。"这种力量就是权，这权在民主的国家里总是属于人民。"我们中国既然叫做中华民国，主权的主体，当然就是人民。"（《全民政治论译本序》，见《廖仲恺集》第 37 页）所以，人民应当理直气壮地去行使自己的权利。

廖仲恺受到五四爱国运动和正在蓬勃发展的新文化运动的启发，对于人民干预国事所表现出来的巨大威力有所认识，认为只要广大人民团结起来和反动派去斗争，其力量确实是"真厉害"。他号召人民利用手中的武器——团结战斗的力量，去和封建军阀作斗争，把权力再从强盗手中夺回来，"唯四万万之失主，自去追赃"，改变这种军阀"飞扬跋扈到没人能管，没法治"的局面。他越来越清楚地看到，民权的真正实现，有待人民大众自己的奋斗。

人民怎样才能从封建军阀手中夺回主权呢？廖仲恺明确指出，要靠自己去奋斗，自己解放自己，不能靠别人恩赐。他说："无论要造哪一个解放，总要靠自己自觉，自己要求，自己奋斗"，"不能依赖人家完全代劳的"。

他认识到，轰轰烈烈的五四爱国运动，是人民争取民主权利的最好方法，并指出，伟大的五四运动，使"北京根深蒂固的几个大官也就罢免了，政府对于欧洲和会的约也不敢签了"。因此，他提出"要把这民众的力弄成一个具体的民权，这就是我们最大的目的"。廖仲恺开始看到了群众的威力，初步觉悟到中国革命必须广泛发动群众。

其次，在进行民主革命斗争方面，廖仲恺提出不能停止革命步伐，要继续前进的主张。他说，武昌起义、建立民国尽管已经8年了，但"要知道这革命手段见效没有，须看做这革命主脑的主义实行了没有，若是主义还没有实行，或是行了一点还漏了许多，那革命的工夫还是没有做够"。这就是说，衡量革命工作做得是否彻底的标准，是看革命主义是否实现。廖仲恺认为，武昌革命之后，"民权、民生两个主义，到今连一点影响也寻不出来"，这革命的工作还没有做完。所以，他号召人民继续做下去，以达到完全实现孙中山的三民主义为止。

同时，他还进一步提出，革命是不会停止的，革命的作用是不断除旧布新，革命的队伍则是不断发展、变化的。他说："世界上凡是有机体的东西，若是趋向进步那方面去的，总是时时刻刻在革命的状态里头，决没有停止的；停止就会生出麻木、腐败、分解、死灭种种的现状。"革命队伍，也随着革命运动的深入而不断分化，如同我们人类一样，要"不绝的由肺脏经气管喷出于他身体上有害的炭氧气（即碳酸气——引者）"，"由发汗和大小两便排出那些老废料"；然而，也必然会有大批的革命志士不断地涌现出来，为革命队伍补充新鲜血液，革命队伍就要"吸入需要的氧气"，"由口胃输进滋养品"以"维持他的生活"。他认为民主的真正实现，人们的奋斗应不仅仅限于枝节的改良，世界要进化，要发展，就必须不断地进行革命。廖仲恺这一观点的宣传，对推进孙中山领导的"护法运动"起了积极的作用。

在传播民权主义的学说方面，他介绍了欧美的资产阶级民主和议会制度，概括说来，就是人民有普选权而不受财产的限制；人民的意志能够在立法上、政治上得到反映。在他看来，中华民国成立后出现的混乱现象，根源在于"国家权力失去了他原本的位置"，"人民的主权很不完全"，而解决这一问题的主要途径，是实现"全民政治"，即创制、复决、罢免三大民权。他认为这三大民权是欧美"政治上防腐剂"，较为完满的民权主义，就应当使不完全的间接民权，发展成为较完全的直接民权；使政党的少数人操纵的政治，转变为国民参政的"全民政治"。为使它在法律上、制度上有所保证，就应当确保广大民众的创制权、复决权、罢免权。国民全体投票直接参政，做到人民创制、人民复决、人民革官。廖仲恺指出：国民若是真正享有创制、复决和罢免这三种权力，"还怕有拥兵的军人吗？还怕有卖国阴谋的盗贼吗？还怕有政治不澄清的那一天吗？"他相信，如果中国"国民有了这三种的民权，民国的主权才算是实在回复到原本国民的身上，中国政治上的毛病，虽不敢说是完全救治好，也就差不多要好八九分了"。

廖仲恺对于欧美等西方民权发展情况的介绍与考察，是为了参照西方的这种制度在中国传播与实施孙中山的民权主义。但是，他反对生吞活剥地全盘照搬，要弃其糟粕，取其精华，并且对于欧美式的民主和西方那种"普通或特别选举"之类的代议制度，还提出了率直的批评，认为这种制度是有缺陷的，而不是包治百病的灵丹妙药。他以英国的两党（保守党和自由党）竞选为例，揭露了这种制度的弊病，指出选举之前那些"长于运动之政客，纷投两党旗鼓之下，从事选举战争"，"及夫选举揭晓之后，除少数奔走运动之政客获利外，则选民自选民，政客自政客。昨之所谓人民之友者，今则傲然国会议员；前之以选民利益为词者，兹则以代表者非为一部，而为全体之辩"。结果，国会之诸法案，凡有利于民而不利于政党、或为利公众而不利私人者，皆难通过，"关于改革弊政之案，决议更不容易。盖彼辈多生活于弊窦之中，除弊即以自杀，虽利天下不为也"。他深刻指出，在这种制度下，人民只有选举代表的权，没有立法的权，只有代表才有立法的权。而代表们所立的法是否代表人民的利益，他们是不管的。实际上，代表们只是根据自己的利益去立法。有那更坏的代表，则是利用代表的资格，定出种种压迫人民的政策、祸害人民的法律，强迫人民去服从。"行政官、司法官都是跟他们走的东西"，"三权分立，不过是一种形式，宪法也不会自家说话，是靠他们的嘴来解释的。这一来，民权两个字的实质，就化为一个昙花水月"。

在这里，廖仲恺透彻地指出了资本主义的所谓"民主"，对于广大劳动人民来说是非常虚伪的；资本主义的"议会"，也不过是为少数人所操纵的工具。他提醒人们，不要以为有了议会就万事大吉了，要看它的实质。如果议会定出了压迫人民的法律，就不要服从，而应该采取革命的手段推翻它，以争取真正的民主。因此，廖仲恺强调人民要实现直接的权力，即"创制权""复决权""罢官权"，真正落实孙中山的民权主义。他翻译《全民政治》一书的目的也在于此。

廖仲恺对"全民政治"（直接民权）的宣传，在当时颇有影响。戴季陶认为廖仲恺充实了孙中山的民权主义的内容，他曾这样写道："就思想上说，仲恺是在中国鼓吹'全民政治'的第一人。'全民政治'这一个名词，是他的创译。民国三年以后，在中国政治思想上，有全民政治的出现，成为普通的力量，确是仲恺先生的功绩。"后来孙中山于1924年4月在关于民权主义的讲演中，对廖仲恺所译的《全民政治》一书仍甚为赞赏和重视，认为有助于理解他的民权主义，是有价值的参考书。他说："至于民权之实情与民权之行使，当待选举法、罢免法、创制法和复决法规定之后，乃能悉其真相与底蕴。在讲演此民权主义之中，固不能尽述也。阅者欲知此中详细情形，可参考廖仲恺君所译之《全民政治》。"廖仲恺对于民权主义的研究和阐发，确实供给了孙中山一些新的材料与见解，孙中山在他的著作中便吸收了廖的研究成果。

总之，廖仲恺这一时期的"直接民权"思想，及他对民权主义的重新思考，虽然仍然是以欧美政治制度为模式，大体上仍旧停留在资产阶级旧民主主义的范围之内，但不可否认，他已在进行新的探索。对于欧美式的民主和西方代议制度，有肯定，有分析，有批判，反对在中国将它全盘抄用；对于维护最广大民众民主权利有着更为执着的追求。这些是他政治思想上的一大进步。特别可贵的是他对于民权主义的实现，主要不是把希望寄托在某个领袖人物的大智大勇以及民众对他无条件的服从上，而是依靠广大民众自身的奋斗，依靠社会自身不断的革命的觉悟上。廖仲恺的民权主义思想有了新的内容，使他认识到，在争取政治民主主义的斗争实践中，必须向民众接近。这是他向三民主义新发展的民权思想过度的起点。从此之后，随着他民权主义思想的新发展，他对中国共产党人力量的发展和全国工农大众的奋起，都持欢迎的态度。

在重新思考民权主义的同时，廖仲恺对民生主义学说，也认真地进行了新的探究。

民生主义是孙中山独特的思想。廖仲恺一直是民生主义的宣传者和实践者。他在传播"民生主义"的学说时，积极响应孙中山关于"鼓吹建设之思潮，阐明建设之原理，冀广传吾党建设之主义，成为国民之常识"的号召，再次进行宣传和探讨了民生主义诸问题，阐发孙中山的思想，并提出了自己富国强民的经济建设理论。

当时，在十月社会主义革命的炮火中诞生的苏俄已经逐渐站稳了脚跟，中国工人阶级正在登上政治舞台并显示出自己的强大威力。孙中山深切同情并高度评价俄国革命，并为中国工人直接参加政治社会运动感到兴奋。

在此形势下，《星期评论》和《建设》非常注意中国劳动问题和欧美各国劳工运动的介绍和研究，刊登了不少宣传马克思主义经济学说和唯物史观，并尝试用这些观点来分析中国历史与现状的文章。廖仲恺对民生主义的重新思考，便反映了这种新的时代趋向和在他身上所产生的初步影响。

重新宣传平均地权思想，是廖仲恺这一时期著述中的重要内容。他重申："'民生主义'这四个字，我们是有个具体内容给它的，这就是我们'平均地权'一个目的，就是我们要拿土地政策来做解决社会经济的手段。"考察廖仲恺对于"平均地权"理论的阐发，就其内容来说，基本上重复了孙中山"平均地权"的思想。但是，也有他的独到之处。那就是，他将土地赋予了阶级内容，指出"这就是阶级战争的起点，也就是社会经济问题的起点"。他在评述土地私有制产生的社会后果时，突出地引述了马克思的原话："阶级竞争之所由起，因为土地共产制崩坏以后，经济的组织都建立在阶级对立之上。"正是基于此，他将消灭土地私有制看成消灭阶级对立和整个剥削制度的一个中间环节，一个必不可少的环节。他还将俄国十月革命后把土地完全收归国有，看作解决土地问题的一个榜样。同时，他认为土地问题解决后，社会总还有别种问题有待继续解决。只有土地问题与别的社会问题都依次解决了，中华民国才能成为"民之所有""民之所治""民之所享"的国家，它才可以"光耀于天下后世！"

较为集中与突出地宣传孙中山富国裕民的实业思想，并提出自己的一些真知灼见并丰富孙中山的民生主义学说，是廖仲恺这一时期论著的重要内容。

廖仲恺指出，中国社会成问题的是"民穷财尽"，并对中国贫穷落后的原因做出比较全面和有一定深度的分析。他认为，造成这种情况的根源在于政治经济制度的"不善"以及交通阻塞与实业不发达。

正因如此，廖仲恺特别突出强调了交通建设，特别是铁路在国民经济建设中的巨大作用。他提出，"要救中国，要建设中国，非从交通上着手不可"，这是建设好国家的关键。他认为要研究中国的经济建设，不能离开中国的现状。中国的现状是：一、人口众多、幅员辽阔、国家贫穷；二、处在 20 世纪的新时代；三、建立了中华民国的新国家。要拿这么多的人民和这么大的领土，来建设一个崭新的国家，"第一要紧的，就是全国的交通机关非改良不可。这交通机关第一要紧的就是铁路。光是靠这几匹驿马和几条粗腿，在这大陆国里是使不得的"。（《中国人民和领土在新国家建设上之关系》，见《廖仲恺集》第 13—14 页）他明确指出：中国由于交通问题没有得到解决，造成了"人民没有移动的自由""生产没有调剂的方便""思想没有传播的效力"之结局，这对于国家经济建设的害处极大。他相信像中国这样巨大的国家，如果能有足够的铁路把各省连接起来，就可以变得非常强盛。廖仲恺对交通事业紧迫性与重要性的宣传，扩大了孙中山重视交通思想的影响。

对于建设成良好的国家，廖仲恺抱有很大的信心。他说，我们有了"新时代里的新国家"这个条件，再加上"大家努力干去"，"不要说是移山塞海，就是说飞天遁地，除是不想干，要干就行"。他号召人们振作起来，努力工作，用最聪明的办法，消除一切障碍，建设成一个富强的国家。关于加强国家经济建设问题，廖仲恺的决心和信心是建立在"大家努力干去"的基础上的，因而他反对那种"听天打卦"的行为，批判了安于现状的懒汉懦夫思想。他指出，那些"志行薄弱的人，自己不想个正当方法奋斗去，却敛着手等候那黄金时代来碰他……对于国家社会里悲惨的状况，不认为自家的责任，却想归咎于天然不可抗力"的思想是完全错误的。

廖仲恺在阐述经济建设问题时，提出了不少卓越的见解。他反对闭关自守，主张学习欧美等国的先进技术和管理方法，为我所用。他认为中国不能总是保存古代的生产方法，而要模仿外国，依靠"近代生产的组织，在最有利的条件之下，自家造东西，供给自家的用"。但对于外国"资本的帝国主义，我们中国工商业政策，就是不学他这主义，要抵抗这主义的侵掠"；中国应尽快破除"无数自足经济的小团体"，发展以"多用原料、多选、多买"为宗旨的商品经济"和外国的商品竞争"，并认为"工业革命的毒，是另有法儿防它的"。他主张发挥各地的优势，开发矿业、森林、畜牧等资源。他说："经济上生产这事体，在人的要素说，是要分工；在地的要素说，也是要分工，才能够发达，这是一定的道理。"他主张"各处地方，应该要依它天然最有利的条件，来生产东西"，"养蚕、种桑最好的地方，不必定要兼种稻才得食；种甘蔗、橡胶最好的地方，不必定要兼养绵羊、骆驼，来造毛织的衣料穿；出铁炼钢的地方，不一定要有烟煤；产铜炼铜的地方，不必能种植"。只有这样，各种产品的质量和数量才能不断地向上发展。廖仲恺的这种组织近代化的专业生产以发挥各地优势，和发展商品交换以促进生产不断发展的思想，符合近代社会发展的规律。在当时自然经济仍占绝对优势的情况下，这种观点诚属难能可贵的真知灼见。

廖仲恺这些经济建设的思想，同他的某些政治思想一样，是一笔珍贵的精神遗产，值得后人认真地总结和借鉴。当然，廖仲恺把交通不发达看作"中国民穷财尽最普遍的原因"则是错误的。交通问题的解决，是对经济建设有很大的作用，但是对国家的经济建设，过分强调了交通运输的重要，却轻视了解决政治方面的问题。他虽然也意识到了"民穷财尽"的根源是在政治上，然而，却把它轻轻地放过去了。他错误地认为："在一般政治问题，无论横的主张、竖的主张，都可以模模糊糊地混过去。但是这交通改良，无论什么政治家，无论哪种政论家，要是对于国家人民还有点诚心，替他们打算打算，是断不能抹煞的。"实际上，即便是真正实现了民主制度的国家，在从事国家建设时，也应当充分注意解决政治方面的问题，扫清政治上的障碍，才能保障在经济建设上不被掣肘。

而且政治工作应伴随着经济工作前进，做到政治工作为经济建设服务，才能加快经济建设的速度。更何况当时的中国只有民国之名，而无民国之实，政权仍然被军阀、政客所把持；帝国主义也不容许中国成为一个真正独立、自由、民主的资产阶级民主共和国，它们反对中国独立，反对中国发展资本主义，一次又一次地绞杀中国革命。在这种情况下谈经济建设，就更不应当忽视政治方面的问题，而应当反对帝国主义的侵略，推翻封建军阀的反动政权，建立真正的民主国家，扫清政治上的障碍，然后才能够加快国家的经济建设。在半殖民地半封建的旧中国，单纯实业救国的道路是行不通的。

与此同时，廖仲恺在探讨民生主义时，发挥了孙中山改革币制的思想，强调钱币革命与经济建设一举完成之。他认为，欧美各国的货币制度及设立工业银行、农工兴业银行和保护关税等制度，是一种增进国利民福的好制度。中国应该在发展生产的基础上，确立以货币为本位的纸币制度，兴立银行，通行纸币。因此，廖仲恺视改革钱币为商品生产与商品经济中一个不可抗拒的过程，把货币改革作为解决中国民生问题的一个重要方面。他还进一步阐发了孙中山有关"钱币革命"的主张，提出中国的钱币革命应以废除银本位，发行以12种社会必需品为"货币本位"的纸币代替硬币，以统一货币，就可以缓和因白银外流造成的通货膨胀的灾难性后果，从而使中国社会经济、国家财政的困难迎刃而解。对于货币的制造及发行机关、发行方法等，也提出了自己的设想。他甚至认为"果能行此，则金银数千年专制之毒害可除，而经济革命之实效可举。于此而民不富国不利者，未之或有"。他还把倡导合作社运动，作为"解决生产分配问题之平和手段"和预防资本过分集中的基础。在当时人民大众和封建势力的矛盾成为国内主要矛盾的历史条件下，这种企图用以补救资本主义发达之流弊的主张，不仅是一种幻想，而且还会产生一些消极作用。

不过，随着封建军阀残酷统治下人民继续生活在水深火热之中的现实教育和革命形势的日益发展，廖仲恺对于经济建设和政治问题的关系，逐步有了比较正确的认识。他在《国民的努力》《中国实业的现状及产业落后的原因》等文中，明确指出，中国实业之所以不能得到发展，是因为"国家政治上的原因有以致之"，并进一步指出，如果"政治上的障碍不除，经济、商业是绝对不能进步"。他所说的政治障碍物，是指封建军阀、官僚政客的罪恶统治，以及帝国主义在中国的种种特权。他还进一步强调说："政治上的问题不解决，则经济上的问题也不能解决，而国内的实业也不能发展。"因此，他认定国家要发展"大计划的工商业"，"必须先从本源着手，把政治上的障碍物扫清，这是我们应努力的第一着。这第一着做到，我们国民可以向着世界进步的目标，按着我们的心算，大踏步赶上"。（《国民的努力》，见《双清文集》（上卷），第347—349页）同时，他还批评了那种不先去努力扫除政治上的障碍，"还说是讨厌讨论政治，只管瞎着眼去努力求经济、商业的进步"的人，是"没有国民经济的常识"，并大力号召广大国民行动起来，为扫除政治上的障碍而努力奋斗。廖仲恺这一科学的认识，应该说是丰富了孙中山的经济建设理论。

此外，廖仲恺对于社会主义思想也很感兴趣。他曾与胡适辩论有关井田制度的存在问题，从中表现出他的主观社会主义思想。作为实用主义者的胡适，认为井田制是儒家的大同思想；而廖仲恺在其中则发现了与社会主义的某些相似之处，按照个人认识作了阐述。

综上所述，在这个时期，廖仲恺本着救国救民的愿望，在宣传孙中山的学说时，阐发了一些新的问题和见解，试图从各个方面来探索解决中国问题及改造社会的途径。他的一些著作与译作清楚地表明，他是多么认真地在思索，在探究，在检讨过去，在追寻未来。然而，由于他还没有认识到半殖民地半封建社会的中国资产阶级民主革命的症结所在，没有认清前进道路上的真正障碍是什么，他的思想还没有从旧民主主义发展到新民主主义，也就不可能找到新的出路。但是，随着历史潮流的推进，廖仲恺在接受历次革命失败之深刻教训的同时，由于五四运动、新文化运动和马克思主义在中国的早期传播，在他的思想中已注入了新的活力，使其随着时代的步伐前进，并开始逐渐出现了一些新的萌芽，他朦胧地看出了中国问题的根源，"就是政治上的障碍"；认识到欧美资本主义经济制度并不那么完美，终于对十月革命的胜利和苏维埃的建立感到由衷的高兴，表示出极大的希望。他指出，"俄国革命以后，私有废除，生产分配之事，掌诸国家机关与人民合作社。空前之举，震慑全球"；并坚信这"前途曙光，必能出人群与黑暗"。事实也表明，当时廖仲恺在重新探究理论方面的巨大功绩，并不在于他自己创造出了什么前所未有的重要学说，而是在于他对于孙中山所倡导的三民主义学说，不遗余力地进行了宣传、充实、实践和发展，从而驱使他同孙中山等人一样，在经历多次失败和总结沉痛的教训之后，又开始努力地寻找新的革命途径。

三、新的努力和新的觉醒

廖仲恺在上海努力从事理论建设和宣传孙中山学说的同时，还积极协助孙中山打倒南方桂系军阀，夺回广东这块民主革命根据地的斗争。

孙中山 1918 年 5 月辞去护法军政府职务并离开广州之后，军政府便为桂系军阀所控制。参加"护法"的桂、滇、川、黔各系军阀，为了争夺地盘，不断地互相摩擦与厮杀，都是些"假护法之名，行害民之灾"的家伙，护法运动早已名存实亡。为了驱逐盘踞在广东的桂系军阀势力，把广东重新变成革命基地，孙中山一直在寻找可以依据的力量和可以利用的时机，下决心重建护法军政府。

重建护法军政府，是孙中山为谋求实现三民主义而进行的最后一搏。对于廖仲恺来说，这正是他对三民主义的实现终于绝望，转而积极推动和协助孙中山接受中国共产党及苏俄帮助的关键一搏。

1919年10月10日，孙中山将中华革命党改组为中国国民党，宣布该党"以巩固共和，实行三民主义为宗旨"，重新确认三民主义作为一个整体都是有待继续奋斗以使之实现的目标。他提出了"改造中国之第一步只有革命"的正确方针，号召全国人民早下决心，"重新开始革命事业"。中国国民党本部设总务、党务、财政三部，孙中山以总理身份指定廖仲恺担任财政部部长，他对廖仲恺更加器重，非常信任地让他在党内挑起了更重的理财担子。

当时，孙中山所指望的重新进行革命的唯一武装力量，是驻扎在福建漳州地区、由陈炯明统率的粤军。这支武装，是孙中山1917年秋在广州任护法军政府大元帅以后，为了建立一支能由自己直接掌握、直接指挥的军事力量，以便出兵抗击北洋军阀为名，用极大的努力与先后继任广东省省长的朱庆澜、陈炳焜、莫荣新等人多次交涉，才从省长直辖的警卫军中得以拨出20个营约8000人，改编成援闽粤军。孙中山任命陈炯明为该军总司令，邓铿为参谋长，许崇智为第二支队总司令，共同对这支军队进行整编与扩充，使其成为一支具有战斗力的革命武装力量。

廖仲恺对孙中山寄予厚望的援闽粤军，积极从财力方面大力支持。他在署理护法军政府财政总长期间，遵照孙中山的指示，每月给援闽粤军筹拨军饷6万元予以支持，又积极与督军署交涉，从"潮桥盐款"中有倾斜地提拨军饷，并支持粤军在必要时可截取"潮桥盐款"以为军用；他还大力支持陈炯明等采掘汕头钨矿，并建议与日本三井洋行"合资开采"，以便"得款购械"，壮大粤军实力。

1918年，这支军队屯驻粤东，根据孙中山的指令入闽作战，先后占领闽西、闽南龙岩、漳州、汀州等 26 个县城，发展到 2 万多人，编为两个军 108 个营。陈炯明将总司令部移驻漳州，建成了一块护法根据地。孙中山离粤返沪以后，一直继续关注着这支军队，视其为最可靠的革命武装力量，对陈炯明也认为是"可资依靠"的"革命将领"。他倾全力装备这支部队，尽力扶持这仅存的唯一一支护法武装力量，除经济上给予援助，还不断派朱执信、廖仲恺等骨干人员往来于上海、漳州之间，协助陈炯明等进行粤军的军事、政治训练，批准全体官兵均宣誓加入国民党，并开展社会经济文化建设，以壮大"闽南护法区"和粤军的力量。陈炯明口头上也拥护三民主义，还口口声声要从事新文化运动，在漳州修建了公园、图书馆等，并提倡社会主义、颂扬苏俄十月革命等新文化思想。在一段时间里，以漳州为中心的"闽南护法区"的社会经济建设出现了新气象，以至曾被人们一度赞誉为"闽南的莫斯科"。所以，孙中山殷切期望这支军队成为革命军，要依靠其达到革命目的。

在援闽粤军开创根据地的过程中，廖仲恺十分关心和支援他们的斗争。他多次替陈炯明部队筹募军饷，帮助他们克服财政上的困难。孙中山在上海的住宅就因此经廖仲恺之手做过两次抵押，一次得款 2 万元，一次得款 2.5 万元，全部由廖仲恺带往漳州，交给了驻闽粤军，以充军饷。

1920 年春，北方的直、皖两派军阀即将发生火拼，战争迫在眉睫，桂系一向与直系军阀有勾结，皖系军阀段祺瑞和福建督军李厚基，则表示愿意支持援闽粤军驱逐桂系回广东，以牵制直系。孙中山这时认为，粤军回师广东驱逐桂系的时机已经到来，便多次派遣廖仲恺与朱执信到福建，与李厚基交涉并到漳州具体部署讨桂军事行动，并催促陈炯明部尽快兴师返粤讨伐盘踞广东的桂系军阀。

1920 年 4 月 11 日，廖仲恺到达漳州，向陈炯明等粤军将领传达了孙中山的讨桂意见，反复对陈炯明进行动员，并对陈的部下熊略、钟秀南等人晓以大义，进行说服工作。廖仲恺还详细了解了李厚基的意向，及粤军回师广东所面临的困难，建议孙中山设法使李厚基先取信于粤军，给予子弹，再令粤军出动归粤，以确保全军士气；同时，建议孙中山速派人北见段祺瑞，将孙、段密使达成的协议付诸实施，并要段"设法直接拨给粤军子弹"。

1920 年 8 月 12 日，陈炯明在廖仲恺、朱执信的力劝和催促下，在漳州公园正式誓师，兵分三路发起回粤讨伐桂系军阀的攻势。在孙中山的大力支援和广东军民的纷纷响应下，战事进展神速，不到半个月工夫，就收复东江潮、梅各属地区，接着又连克老隆、惠阳等地。经过两个多月的战斗，就驱逐了岑春煊、陆荣廷等桂系势力，全部攻占广东。

孙中山于同年 11 月 29 日偕伍廷芳、唐继仪等从上海抵达广州。他在广东军民的欢迎声中，重新组成军政府，宣布继续执行护法任务。拥护孙中山的部分国会议员，经过国会迁滇、迁渝等颠沛流离后，也于此时相继返粤，准备重新召开国会非常会议。

这时，孙中山认识到，仅仅举护法旗帜，"断断不能解决根本问题"，也就是说不能实行三民主义，实现真正的民主政治。因为"护法不过矫正北政府之非法行为，即达目的，于中华民国亦无若何裨益。况护法乃国内一部分问题，对内仍承认北京政府为中央政府，对外亦不发生国际上地位之效力"。所以，要达到"完全成功，要平定西南，巩固民国基础，必须建立正式政府"。因此，孙中山建议国会议员迅速组织正式政府。1921 年 4 月 7 日，国会非常会议参众两院联合通过《中华民国组织大纲》，并选举孙中山为非常大总统。接着，撤销了军政府，孙中山于 5 月 5 日宣誓就职，广东革命政府正式成立，设总统府于广州观音山南麓，并组成了政府各部。孙中山希望由此获得全权，首先按照三民主义的要求，把广东一省切切实实地建设起来，并将扫除桂系残部、统一两广作为奠定全局的第一步，进而完成推翻北洋军阀统治、统一中国的大业。为了使这一希望变成现实，孙中山不顾来自各个方面的重重阻挠，顽强地努力工作。

早在1920年11月初，孙中山就将筹措和合理使用巨额经费的财政重任托付给廖仲恺，先任命他为广东财政厅厅长，待革命政府成立后，又任命他为政府的财政部次长（代理部长），掌握政府财政。

廖仲恺努力协助孙中山，力图在广东开拓一个新的革命局面。1921年7月20日，他与何香凝一起受孙中山委派，前赴广西梧州慰劳讨伐陆荣廷的部队，鼓舞士气，勉励将士努力荡平陆荣廷残部，完成消灭桂系军阀的使命。事毕，廖仲恺立即返回广州，全力投身于整理财务，筹措军费，支持孙中山出师讨桂和统一中国的革命行动。

当时，筹措经费决非轻而易举的事。廖仲恺深切地认识到，要实现孙中山统一全国的宏愿，必须先稳定广东的政局，将广东建设成巩固的根据地，因此筹措军政费用，恢复和统一广东财政乃为当务之急。数年来，广东先后被桂系军阀陈炳焜、莫荣新盘踞。他们日以扩充军备、大借外债、扰乱金融、搜刮民脂为事，财政来源都控制在他们手中，整个财政"大有破产之虞"。廖仲恺掌理财政工作后，面临着金融紊乱、财政极为窘困的境况。他为着筹措军政两费，保障讨桂军事行动及广东省内建设的顺利进行，立即采取了一系列有效的举措，例如：整顿维持现有税收，争取扩大省库收入；整理扩充广东省银行，维持纸币金融，发行善后公债和借入少量外债，以应急需等。这些应急措施的实施，逐步缓解了广东财政的窘困，使收支渐趋平衡。当时广州《英文时报》的记者评价廖仲恺的业绩说：廖仲恺"本精治计学，又以公正洁白之诚整理粤局，故虽在创巨痛深之后，而广东财政前途仍大可乐观"。

在粤军讨桂期间，廖仲恺积极地为粤军出师讨贼筹措饷糈，他着省财政厅总共支付粤军的军费800多万元，其中相当一部分是廖仲恺亲手筹措的，从而保证粤军讨桂军事斗争的顺利进行。

1921年5月28日，孙中山下令粤、赣、滇、黔各军分路进攻广西。在廖仲恺及广大人民群众的支持下，粤军于同年8月4日攻克广西首府南宁，接着赣军赖世璜等部又攻克桂林，粤军再攻下龙州，陆荣廷逃往越南。至此，桂系覆灭，广西全省皆入护法的中华民国政府势力范围。两广的统一，为孙中山的北伐奠定了基础，使孙中山能够按照原定护法计划，积极部署北伐。

同年12月4日，孙中山在桂林设立北伐大本营、整编粤、滇、赣、黔诸军，准备出师北伐。廖仲恺对于孙中山的北伐决策，坚决拥护，他积极筹措饷糈，竭力促成早日出师北伐。8月中旬，正值粤军讨桂胜利之际，他便遵照孙中山的指示，在总统府设立筹饷局，"拟筹现款1000万元，为出师北伐统一全国之用"。又奉孙中山之命，以财政部长名义批准成立华侨筹饷会，并同意该会在广州南关二马路设立机关，向海外开展劝捐劝饷等活动。当孙中山在10月中旬赴广西设立北伐大本营前，廖仲恺又按照孙中山的指示，"从广东省银行提取纸币200万元"，作为北伐的军费，从而"才使3万北伐军得以在广西艰苦支持达半年之久"。

孙中山于1922年2月3日发出北伐令，着各部武装分别向湘、赣进发。可是，在筹措北伐饷糈方面，廖仲恺却处处遇到掣肘，困难重重。他四处奔走，全力筹款接济，才使部队经费勉强维持。在北伐军因防范陈炯明的破坏而被迫改道出发韶关时，急需款项，他想方设法，"旬日之间，即筹拨北伐军费300万元，使各部能及时向韶关集中待命"，从而保证了北伐军得以顺利向江西进发。因此，廖仲恺当时被人们赞誉为孙中山的"钱荷包"。

孙中山在积极进行北伐之时，虽有廖仲恺、宋庆龄、何香凝等的大力支持，但并未免去后顾之忧，后方的政权仍是极不稳固的。

粤军打回广东之后，陈炯明一身兼任中华民国军政部部长、内务部部长、广东省省长和粤军总司令4个要职，成为广东军政大权的实际控制者。

他把驱逐桂系军阀归于自己一人之功，怀有狂妄的政治野心，一心想把广东变成他自己的地盘，割据一方，称王称霸，变成新军阀。他以"保境安民"为借口，大谈"联省自治"，以"广东王"自居。因此，他从一开始就不欢迎孙中山返粤，反对孙中山组织正式政府、任正式大总统，更反对给桂系军阀以更大的打击和率军北伐，便不择手段地对孙中山的革命活动不断进行阻挠和破坏，对孙中山所提出的各项措施，千方百计地加以抵制。最后，他竟秘密勾结英帝国主义和直系军阀头子曹锟、吴佩孚，湖南军阀赵恒惕，准备随时叛卖孙中山及革命事业，阴谋联合消灭以孙中山为首的革命势力。

孙中山重建护法军政府，反映了这位伟大革命家极为可贵的奋斗精神。然而，他所走的基本上仍旧是前一次发动护法战争时所走的道路。所不同的是，前一次他依靠滇系、桂系、粤系等西南军阀，主要反对以段祺瑞为首的皖系军阀统治；而这一次，他依靠粤系、滇系力量，并取得皖系的配合，主要反对直系及与直系相勾结的桂系军阀势力。可是这次依靠的主要力量，即粤系的主要头领陈炯明却是一个心怀叵测、野心极大的人。

孙中山对陈炯明的叛逆行为有所察觉，但为了争取他回心转意，几次派廖仲恺去做工作。廖仲恺站在坚决拥护孙中山的革命立场，给陈炯明做工作。1922年的3、4月间，他奔波于广州、肇庆、梧州等地，传达孙中山的意见，对陈炯明反复劝说、动员，还多次通过函电进行规劝，但均无效果。

孙中山为防范陈炯明破坏北伐的后方，在1922年4月改设大本营于韶关，并于5月亲赴韶关督师，指挥北伐军胜利进入了江西南部，先后攻克了赣州、吉安等地，威胁省会南昌，整个江西指日可以平定。此时北伐军的声威大震，革命形势很好。

但是，历史的进展常常不能尽如人意。也就在这个时候，广东内部却发生了陈炯明的反革命叛乱。这个野心勃勃的陈炯明，在英帝国主义及直系军阀的支持下，急于独霸南方，他加紧了破坏北伐和反对孙中山的叛逆活动。陈炯明除调动军队，企图阻止北伐军，又于3月21日命令部属用卑鄙手段在九龙车站暗杀了坚决拥护孙中山的主张、坚决要用广东的财力、物力支持北伐的粤军参谋长兼第一师师长邓铿，并调兵布防，在军事上做好叛乱的准备。他见北伐军陆续开赴前线，广州城防空虚，便令所属各部以加入北伐军为名，进驻广州，在广州强迫银行兑现，截留各县捐款，制造金融混乱，造成广州人心一日数惊，形势日益险恶。为了稳定广州政局，廖仲恺建议孙中山自韶关返穗，亲自坐镇。6月1日，孙中山为安定前方军心和后方民心，不顾胡汉民等的劝告，即率卫士回到广州。他期望凭借自己的地位与声望，迫使陈炯明就范，以化险为夷。

然而，孙中山坐镇广州亦无济于事。当时三民主义对于广大民众并无多少号召力，又因孙中山的斗争与广大民众没有直接的联系，国民党实际处于半瘫痪状态，特别是孙中山没有一支可以依靠的革命武装力量。这一切使孙中山和重建的中华民国政府非常脆弱。陈炯明在孙中山返回广州之后，非但没有退缩，反而变本加厉地进行反对孙中山及护法政府的活动，秘密地策划发动武装叛乱。

6月中旬，陈炯明、叶举等在东莞县石龙秘密召集会议，讨论叛乱军事部署，决定逮捕人员名单，廖仲恺是首当其冲的人物之一。他们认为，要阻止孙中山北伐，就要斩断其财源，拘捕坚决支持孙中山的廖仲恺。6月14日，陈炯明以"领款"和"有要事相商"为名，电邀廖仲恺去惠州。次日上午，陈炯明的部属钟景棠又派一参谋带士兵4人，"到财政部'恭请'廖先生到兵工厂商议要事"。当时，廖仲恺打算再次做陈炯明的工作，争取让他悬崖勒马，于是同他们一起前往。廖仲恺刚到石龙就被陈炯明扣留，后被押送到广州西郊石井兵工厂监禁起来。

陈炯明暗杀了邓铿、囚禁了廖仲恺之后，认为既除掉了一个拥护孙中山的军事将领，又把孙中山的"荷包"锁住了，先后拔去了两颗"眼中钉"，消除了后顾之忧。于是，他认为时机已到，便于 1922 年 6 月 16 日凌晨 3 时，命令部署叶举、洪兆麟部发动了反革命武装叛乱，以 400 余人的兵力袭击总统府（在观音山麓前，原为清新军督练公所，今中山纪念堂），炮轰观音山孙中山的住所粤秀楼，妄图置孙中山于死地，推翻广东中华民国政府。孙中山幸于事变前 5 小时得到消息，在深夜于叛军逻弋之中，冒着枪林弹雨间道出走，免于罹难。他旋登军舰"永丰号"，指挥海陆军进行战斗长达 50 多天，直到北伐军回援失败后，方才离穗去沪。

陈炯明的叛乱，使孙中山、廖仲恺为使三民主义实现而做的最后一搏也以失败告终。"出师甫捷，而祸患生于肘腋，干戈起于肺腑"，致使"国事为所破坏，党义为所摧残"。这一打击太沉重了，给了孙中山很大教训，使他开始觉悟到老办法应当彻底改变，为了改造中国，必须寻求新的力量，走新的道路。

廖仲恺在石龙遭拘捕，并迅即被羁困在广州西郊石井兵工厂后，在手腕、腰间、脚腕上被各用了一道铁链，共有三道铁链把他锁在一张铁床上。卫兵戒备"极为森严"，准备再过几天即进行杀害。从当时森严的戒备和惨无人道的虐待中，廖仲恺自忖此次必无生还之望。面对着死亡的威胁，他所思考的主要问题仍是革命的前途、国家和民族的命运。国破家亡，阴霾满天，正是因为那些跳梁小丑到处作祟，而国家、民族真正的主人还没有站起来，没有真正履行自己的主人职责。

"危难露真情"，廖仲恺在死亡威胁面前无所畏惧，他写下了 10 多首诗赋，痛斥了可耻的"跳梁小鼠"，缅怀和悼念了已故的几个老战友，并追忆了自己艰苦奋斗的一生，抒发了视死如归的豪情。同时，也抒发了他一直惦记着革命事业和国家前途的心情，寄望革命同志要坚持真理，继续奋斗下去。

他在《壬戌六月禁锢中闻变有感》诗四首中云：

（一）

珠江日夕起风雷，已倒狂澜孰挽回？

徵羽不调弦亦怨，死生能一我何哀！

鼠肝虫臂唯天命，马勃牛溲称异才；

物论未应衡大小，栋梁终为蠹蝼摧！

（二）

妖雾弥漫涸太清，将军一去树飘零。

隐忧已肇初开府，内热如焚夕饮冰。

犀首从仇师不武，要离埋骨草空青。

老成凋谢余灰烬，愁说天南有陨星。

（三）

咏到潜龙字字惨，那堪重赋井中泥；

当年祈福将刍狗，今日伤心树蒺藜。

空有楚囚尊上座，更无清梦度深闺；

华庭鹤唳成追忆，隔岸云山望欲迷。

（四）

朝朝面壁学《维摩》，参倒禅机返泰初；

腐臭神奇随幻觉，是非恩怨逐情多。

心尘已净何濡染，世鉴无明枉事磨！

莫向空中觅常相，浮云苍狗一时过。

这几首诗，表现了廖仲恺坚持革命斗争、无所畏惧的气概和对封建军阀的蔑视。他把公开发动武装叛乱、炮轰观音山总统府的陈炯明之流，比作"马勃牛溲"不如的"鼠""虫"，指出孙中山革命事业的"栋梁"，正是被这伙"蠹"蛀摧的。对于这群"跳梁小鼠"的胡作非为表示十分憎恶。第二首是痛骂陈炯明和悼念几位曾对陈炯明做过斗争、今已作古的老战友的，表达了思念与缅怀之情。诗中的"将军"，是指在广州被陈炯明部署派人所暗杀的邓铿；诗中的"要离"，指陈炯明回师广州期间因调停虎门驻军与东莞民军的冲突，在虎门遇难牺牲的朱执信；"老成凋谢余灰烬"，是指在陈炯明炮轰总统府事变中病死而火葬的广东省省长武廷芳。

廖仲恺囚禁期间题在广州五层楼上一张风景图片上的《一剪梅》，充分表现了他对"昼静潜踪，夜静穿牖"的反革命"跳梁小鼠"陈炯明的愤恨。这首词云：

> 叠阁层栏依晚风，山上烟笼，江上霞红。
>
> 兴亡阅遍古今同，文祇雕虫，技祇屠龙！
>
> 莫问当年旧主公，昔日名隆，今日楼空。
>
> 跳梁小鼠穴其中，昼静潜踪，夜静穿牖。
>
> （廖仲恺《双清词草》，上海开明书店 1928 年金属版影印）

在《在幽禁中感赋》中，廖仲恺理性地回顾了自己 20 多年来"努力思匡时""险阻已备历"的革命生涯，表达了他在狱中对亲人的思念及"洁白之躯，出污而不淄"的革命气节。这首赋云：

> 吾生遭不造，芒鞋肆所之；廿载茹醉辛，努力思匡时。
>
> 魔障满人寰，霈泽安从施！内忧起萧墙，世变招危疑。

险阻已备历，缧绁曾何奇！落日恋西山，倦鸟哀南枝。

对此物外景，怅触心中悲。愁来睡不得，推枕还长欷！

俯首忆弟兄，瞑眼见妻儿；欲语无友朋，欲哭先踌躇！

嗟予洁白躯，出污而不淄！浊世莫予谅，予曷求世知！

圣哲亦云逝，劳生胡足希？愿言谢时彦，去矣毋相违！

（《幽禁中感赋》，见《双清文集》（上卷），人民出版社1985年版，第395页）

他还在明末清初八大山人的一幅松壑图上题《金缕曲》词云：

未合丹青老，剧怜他，铜驼饮泣，画才图抱。丘壑移来抒胸臆，错节盘根写照。想握笔，愁肠萦绕。国破家亡余墨泪，洒淋漓，欲夺天公巧。缣尺幅，碧纱罩。

繁华歇尽何须吊！且由他，姹紫嫣红，一春收了。地老天荒浑不管，空谷苍松独啸，经几度，风狂霜峭。如此江山归寂寞，漫题名，似哭还同笑。诗四句，古今悼。

（廖仲恺：《双清词草》）

这首词，赞美了"苍松"不管"地老天荒"，不畏"风狂山峭"，始终"错节盘根"、屹立挺拔，在空谷中"独啸"的雄姿。表达了"地老天荒浑不管，空谷苍松独啸"的革命意志，并借物自况，抒发出自己坚贞不屈，宁为玉碎不为瓦全的坚强信念。他所说的"苍松独啸"，也正是廖仲恺对自己的写照。

廖仲恺这次遭恶人陷害，自认必遭毒手，他给妻子何香凝和子女

廖梦醒、廖承志留下了绝命词。他诀别妻子的两首七言诗《留诀内子》
写道：

（一）

后事凭君独任劳，莫要辜负女中豪；

我身虽去灵明在，胜似屠门握杀刀。

（二）

生无足羡死奚悲，宇宙循环活杀机，

四十五年尘劫苦，好从解脱悟前非。

（廖仲恺：《双清词草》）

廖仲恺留给孩子们的是一首古诗《诀醒女、承儿》，诗云：

女勿悲，儿勿啼，阿爹去矣不言归。

欲要阿爹喜，阿女阿儿惜身体。

欲要阿爹乐，阿女阿儿勤苦学。

阿爹苦乐与前同，只欠从前一躯壳。

躯壳本是臭皮囊，百岁会当委沟壑。

人生最重是精神，精神日新德日新。

尚有一言须记取：留汝哀思事母亲。

廖仲恺的《留诀内子》和《诀醒女、承儿》诗，情意哀婉而意志坚定，
显示了他以身殉国、视死如归的大无畏革命精神，表现了坚贞不屈的革命
意志。他叮嘱妻子勿悲伤，自己"身虽去灵明在"，勉励她"后事凭君独

任劳，莫要辜负女中豪"；教诫子女要勤奋学习、注意身体及注重品德修养，"人生最重是精神，精神日新德日新"，并叮嘱他们好好侍奉亲娘，尽好孝道。

何香凝得知廖仲恺遭到囚禁的消息，便四处奔走，设法营救。据何香凝忆述：当时情况非常紧张，以致她不得不把子女送到香港，以免遭到陈炯明的伤害。在这期间，何香凝因痢疾住进医院，但得知廖仲恺将遭杀害时，便立即跑出医院去营救。她8月18日冒着大雨爬上了广州北部的白云山，亲历险境，到粤军总司令部同陈炯明进行面对面的斗争。她对陈炯明的叛逆行为极为愤慨，当面厉声斥责陈说："我问你，仲恺有什么对你不起？你们说仲恺帮孙先生筹款，要把孙先生的'荷包'锁起来，就囚禁了仲恺。但仲恺何尝不在民国九年之时帮助你们呢？你们在漳州时，把孙先生上海莫利爱路的房子抵押了两次来帮助你们的不也是仲恺吗？难道只有帮你们才对，帮孙先生就不对了吗？同样都要帮助，帮助孙先生更要紧，我们没有对你不起。"（何香凝：《回忆孙中山和廖仲恺》，生活·读书·新知三联书店1978年版，第59页）在何香凝的凛然正义面前，陈炯明理屈词穷，却又玩弄阴谋诡计，一面佯说囚禁廖仲恺是部下背着他干的，一面又要把廖仲恺转移到白云山上来，妄图以此搪塞应付。何香凝当场予以一一揭露和驳斥，据理力争。由于孙中山在反击叛军中孤立无援，已于8月9日离开广州前往上海，而原在韶关的北伐军也已离开了粤北，陈炯明觉得威胁已经暂时解除；同时又慑于以前留驻漳州的那些粤军与廖仲恺关系至深，许多粤军将士对这位曾千方百计给他们筹措薪饷的理财家怀有好感，加上国内外舆论，特别是广大华侨对陈炯明叛乱的强烈谴责，陈炯明不能不有所顾忌，也不敢贸然杀害廖仲恺。因此，陈炯明踌躇再三之后，不得不于8月18日下令释放已囚禁了62天之久的廖仲恺。

当时在广州任大学教授的陈公博在后来写的一篇文章中说，为争取释放廖仲恺，他也起了一定作用。他与廖仲恺那时只是一面之交，但"从各个方面所得的消息，廖先生非常廉洁，在叔仲之世，而有这么一个干净人，不由得不使我心折"。因此，当得知廖仲恺处于危险中，"心中真是焦急万分"，就下决心尽一切办法去营救。陈公博与陈炯明的重要策士金章（广东公立法政专门学校校长）关系很好，就去求他帮忙。这说明不少关心廖仲恺的人都在为他的安全而奔走，对陈炯明施加压力和影响。

廖仲恺被释放回到家中时，已经是当日的深夜了。他和何香凝商讨今后的行止，首先考虑的是如何恢复遭到陈炯明部队抢掠破坏的执信学校。他说："学校是纪念执信同志而创办的，不能任人家破坏。"何香凝则认为陈炯明释放廖仲恺，乃是权宜之计，并非真心悔悟，危险还未解除，主张立即离开广州。可是廖仲恺由于惦念自己发起创办的执信学校，总是不肯动身。何香凝预感到明天陈炯明可能会变卦，便对廖仲恺说："只要留有生命，回来可以再办学校的。"一直到19日凌晨3时，他们两个人才相偕离开家门，先乘小船到白鹅潭，再登轮船前往香港。果然不出所料，在第二天上午，即19日上午10时，陈炯明后悔，又派出军队到廖仲恺家，要重新逮捕廖仲恺。这时距他们离开码头不过几个小时。

突然被陈炯明囚禁于石井兵工厂的囹圄中，对廖仲恺来说，确实是一件完全意想不到的严重打击。至为惨痛的打击，往往更容易促人猛醒，产生思想上的飞跃。在被囚之前，廖仲恺与共产国际代表及共产党人已经有过多次接触，已开始了思想转变。他在铁锁缧绁中，从思虑今后的革命前途出发，考察以往革命斗争的得失与是非，总结近10多年来屡踬屡起的教训，愈来愈看清了自己所信奉的"真理"，其实并不完备，它包含着许多严重的错误。想在各派军阀势力之间周旋，依靠其中某一部分力量去打倒另一部分力量，以实现三民主义，无异于与虎谋皮，是绝对不可能的事。他已彻底觉省自己在"悟前非"，中国的革命要想成功，必须弃旧图新，必须走出新的路子才行。廖仲恺在囚牢中所作的《有感》七律诗，便记述了他的这一思想转变过程。诗云：

> 难行果否在难知，凿隧为槔孰是非；
>
> 扣马夷齐思止暴，亡羊臧谷共伤时。
>
> 窃钩盗国将谁咎？扃鐍缄縢只自欺！
>
> 我欲乘风归不得，江南空赋庾公辞。
>
> （《有感》，见《双清文集》（上卷），第 401 页）

  在这首诗中，廖仲恺活用历史典故，以古喻今。他借《庄子·天地篇》中所述凿一隧道抱瓮汲水的旧法和采用桔槔机械灌溉菜地的新法，用这两种效果大不相同谁是谁非的发问，来表达自己对三民主义理论的质疑；他运用商末孤竹君的伯夷、叔齐两个儿子叩首谏阻，本想劝阻暴力行动，结果却成了谏阻周武王义师，保护了暴纣的典故，和通过《庄子·箧篇》中人们加牢箱囊的锁纽绳索以防小偷、反倒为大盗抢去整个箱囊提供了方便的比喻，总结了辛亥革命以来对反对势力屡示宽容，致使进击不力，养痈遗患的严重教训。对袁世凯，对段祺瑞，对西南军阀，对陈炯明，人们都曾有过幻想，尽管各人动机并不相同，但结果却毫无例外地都给这些豺狼的反噬提供了方便。他并回顾了辛亥以来的约法、国会、护法军政府，以至正式政府等，不仅不足以惩治窃国大盗，反而给了他们残害人民的方便。因此，他认定今后的革命斗争，必须采用新的理论作指导，必须采用新的方法进行斗争。廖仲恺还用北周著名诗人庾信哀梁朝灭亡而作的《哀江南赋》以自况，尽管三民主义的最后一搏也被破坏了，但他终于有了新的觉醒，只是身陷囚笼，自己难以摆脱羁绊再展宏图。面对着死亡的威胁，他无所畏惧，最为痛惜的是无法将新的认识化为实践。

廖仲恺脱险后，不仅不因所受困厄而气馁，而且更加豪情焕发。他到香港未作停留，便立即转赴上海与孙中山会合，作为孙中山的主要助手，积极协助孙中山进行与中共合作及改组国民党的新工作。当时（1922年8月），他"怅触予怀"，填了一首《蝶恋花》，表述自己的心态与斗志。该词的上阕云：

冷风敲窗风扫叶，未算凄凉，莫便凄凉说。待到风消和雨歇，菰蒲犹复争秋热。

等闲危难、继续奋斗的豪情跃然纸上。从此，廖仲恺又开始信心百倍、精神抖擞地投入了新的战斗。

1922年8月，廖仲恺获释后与何香凝赴港转沪，与孙中山会合。图为廖仲恺到达上海后与孙中山等的合影。

国民党改组的坚强支柱

一、鼎力推动并襄助孙中山实施"联俄""联共"政策

孙中山领导的护法运动，从 1917 年 8 月至 1922 年 8 月，历时 5 年，经历了两个阶段，最后，在陆荣廷、陈炯明（英、美、日帝国主义伙同北洋军阀吴佩孚等暗中策动）的破坏下宣告失败。

护法运动的失败，说明用西方资产阶级革命时期的进化论、天赋人权说和资产阶级共和国方案来救国救民是行不通的，中国的民主主义革命需要另辟新径。孙中山从封建军阀陆荣廷、唐继尧、陈炯明等人给他的惨痛教训中，逐步领悟到不依靠广大人民群众，不依靠真正的革命力量，企图利用一派军阀去反对另一派军阀来完成民主革命的任务是不可能的。廖仲恺亲眼看到孙中山多次上老军阀的当，现在又大吃新军阀的亏，几乎被逼得走投无路。事实使他们不得不去联合真正的革命力量，寻找新的革命道路。

俄国的十月革命，中国的五四运动，特别是中国共产党的成立，这些崭新事物如同黑夜中的明灯，给处于迷途中的孙中山、廖仲恺照亮了前进的道路。

孙中山从伟大的十月革命中受到巨大鼓舞，看到国际上出现了一个真正同帝国主义相对抗的力量，它将成为中国革命的可靠同盟者。所以，他对新生的苏俄怀着向往的心情，希望学习十月革命的宝贵经验；反帝反封建的五四运动使他认清了广大群众的力量，开始改变过去对群众不信任、不依靠的态度；而中国共产党的成立，更给了他以震动和深刻的影响，使他"发现了新的力量源泉"，更加坚定了他的革命信心和决心。

十月革命后，孙中山曾在极秘密的条件下，与列宁在函电中讨论东方革命问题。他 1920 年秋在上海会见了共产国际派到中国来的第一个使者

维经斯基，进行了友好的交谈；1921 年底，又在桂林会见了列宁所派遣的共产国际执行委员会和民族殖民地委员会秘书马林，商谈了改组国民党和建立军校的问题。这次接触，加深了孙中山对苏俄及共产党人的了解。

孙中山在会见马林后，立即通过电报将会谈内容介绍给廖仲恺，并向廖仲恺指出：从前听说苏俄实行共产主义"很是诧异"，见到马林后，对俄国有所了解，心里非常高兴。从此，他决心以苏俄为自己的榜样。在此前后，孙中山又受到中国共产党人为争取建立民族民主统一战线所进行的"热心与诚意"的帮助。中国共产党 1922 年 6 月发表的第一次对时局的主张，7 月发表的第二次全国代表大会宣言及作出的《关于"民主联合战线"的决议案》等文件中，提出的中国民主革命的反帝反封建的内容和建立民主主义联合战线的主张，对于刚刚遭受严重失败、处在苦闷彷徨中的孙中山是有力的帮助，使他对时局有了更清楚的认识。此外，中国共产党在《向导》上发表文章对他给予有益的帮助；还通过党员李大钊、林祖涵等与孙中山的接触直接给予影响。正是在共产国际和中国共产党的帮助下，孙中山对他领导革命一再失败的原因进行了认真的总结，开始摒弃联合封建军阀的做法，接受了中国共产党反帝反封建的革命纲领，从而实现了伟大的转变，从旧民主主义革命道路走上了新民主主义革命道路。

当孙中山实现这个伟大转变时，廖仲恺给他以积极支持和协助，并与他并肩前进。

十月革命的胜利和中国共产党的成立使中国革命发生了根本变化。廖仲恺在孙中山随着时代不断进步的言谈和行动带动下，看到了中国革命的灿烂前程和通向胜利的道路，从而也实现了顺应历史潮流的伟大转变。

廖仲恺的"联俄""联共"思想，是在同苏俄及共产国际代表的直接接触中，在同中国共产党人的频繁交往中逐渐萌发的。

1918 年夏，孙中山被滇桂军阀排挤出广东军政府后，就开始把目光转向苏俄。他与列宁之间多次进行函电来往。廖仲恺和宋庆龄、朱执信分担了起草这些函电稿件的工作。"可惜，宝贵的底稿都被陈炯明放火烧观音山住所时烧去。"1919年，廖仲恺在上海时，和朱执信等就开始和苏俄人士接触，并在孙中山领导下在上海长滨路民厚里廖仲恺寓所组织了俄文学习班（李章达、陈璧君、查光佛、刘纪文等都是学员），准备学习和研究列宁的革命理论，并期望他们不久能去苏俄考察。在他们编辑的《建设》杂志上，还发表了介绍十月革命的文章。

1920年4月，苏俄政府代表路博持列宁亲笔信到福建漳州会见粤军总司令陈炯明，廖仲恺与朱执信参加了这次会见。路博介绍了苏俄革命以来的状况和苏俄对外政策，十分热情地了解了中国革命进展的情况，并诚恳地表示愿意帮助中国完成国民革命。这是廖仲恺首次从苏联代表那里直接了解苏俄革命的情况。

1921年12月，共产国际驻中国正式代表马林，为推进中国共产党和孙中山所领导的国民党结成革命统一战线，在中共党员张太雷陪同下到达广州。廖仲恺热情地接待了他们，并负责派人护送他们去桂林见孙中山。当马林与孙中山会谈后，离开桂林经广州返回上海时，廖仲恺在广州又会见了他，并进行了长时间的友好会谈，详细讨论了国民党的组织方法、宣传方法等问题，并断定港英帝国主义必不容许广东政府的发展，陈炯明对孙中山一定不能相容。这时，正好爆发了香港海员罢工，廖仲恺等人对罢工采取了支持和同情的态度，并积极设法给罢工工人提供财政资助。马林对此给予很高评价，并认为廖仲恺是国民党中的左翼代表。而廖仲恺则通过这些活动和谈话，更加深了对苏俄的好感，促使其对十月革命和苏俄有了更深刻的认识，于是他开始认真考虑联合苏俄及改组国民党等问题。当1922年4月下旬共青团国际代表马林到广州，与孙中山讨论建立国民党与中国共产党合作关系时，廖仲恺便成了"联俄""联共"与改组国民党的积极支持者。

1922年8月孙中山返回上海后，马林再次与孙中山会谈。孙中山欢迎苏联的帮助，并邀请中国共产党人加入国民党，帮助国民党进行改组。马林要求国民党把工作重点转移到开展工农反帝群众运动上，但遭到国民党内右翼势力的反对。稍后，孙中山和共产党人李大钊也进行了会谈。通过会谈，孙中山接受了李大钊提出的"振兴国民党，以振兴中国"，即改组国民党的重要建议，决心同共产党人合作，在共产党人的帮助下，学习俄国的革命经验，重新组织一个有严格组织纪律和强大战斗力的国民党，把民主革命继续进行下去。刚刚从广州脱身赶到上海的廖仲恺，表示完全赞成马林的意见。他态度鲜明，成为襄助孙中山改组国民党最为得力的助手。从此，第一次国共合作真正开始酝酿起来。

同年8月下旬，孙中山在上海会见了苏俄驻华特命全权代表越飞所派的助手马林，就"远东大局问题及解决方法"进行了商谈。在孙中山与越飞及马林进行交往的过程中，廖仲恺受孙中山之命，不仅在广州与马林保持着经常的联络，而且还一直负有同越飞本人直接会谈中俄两党合作等问题的重要使命。因此，廖仲恺在1922年秋至1923年春，曾先后两次访日。第一次是在1922年9月下旬，廖仲恺为了避开特务的侦察，以参加侄女承麓（廖仲恺的哥哥廖恩焘之六女）和许崇清10月间在东京的婚礼为由，偕同何香凝与许崇清由上海赴日本。当时，廖恩焘担任北洋政府驻日本公使馆一等秘书官并代办使事。廖仲恺抵日本后，便住在东京中国公使馆中。他在东京等了一个多月，越飞因故一直未能到来，结果双方约定的会谈无法实现，廖仲恺于11月初从日本返回上海。

1923年1月17日，苏俄全权代表越飞一行从北京到上海会见孙中山。次日，孙中山设午宴热情地招待越飞。在随后的几天里，孙、越二人就中俄革命的合作关系等问题进行了广泛的会谈。不久，于26日发表了《孙文越飞联合宣言》，确定了平等友好的中苏关系。确认中国所面临的最重要、最急迫的问题，不是建立共产主义和苏维埃制度，而是"民国的统一之成功，与完全国家的独立之获得"；越飞声明"关于此项大事业……中国当得俄国国民最挚热之同情，且可以俄国援助为依赖也"。（《国文全集》第一册，第865页）这一宣言是苏联政府坚决支持孙中山完成中国民主革命任务的庄严声明，也充分表明了孙中山开始消除对帝国主义的幻想，把目光转向社会主义的苏联，这是孙中山"联俄"政策明确化的一个重要标志。

廖仲恺为这一宣言的诞生做了大量工作，而在宣言发表之后，他又立即奉孙中山的委派，陪同患足疾的越飞去日本，准备继续进行商谈，以进一步落实"联合宣言"的内容和磋商合作的具体问题，以便把中俄联合反帝等事具体化。

这次，廖仲恺以带女儿梦醒赴日治病为由，与越飞同船前往日本。他们于2月1日抵达东京后，一起住在静养轩。在东京的一个星期里，廖仲恺与越飞共同进餐，并一起会见过中国留日学生；他于4日和9日还两度同越飞的秘书谢瓦尔沙龙进行过短暂商谈。

2月10日，廖仲恺父女与越飞等人一起前往伊豆山海岸的温泉风景区热海。热海有群山，又有温泉，温泉浴可以治疗风湿症和皮肤病。越飞就是以治病为名到那里去的。为了避开特务的侦察，这次会谈在日本著名温泉伊豆山海滨的"热海饭店"秘密进行，时间长达一个多月。廖仲恺和越飞以及越飞的秘书谢瓦尔沙龙、田口运藏（越飞访日期间的"实际秘书"和"对新闻界的发言人"）"住在一块，天天讨论，非常契合"；"他们一谈话就有好几个钟头"，并且每次谈话后，廖仲恺"都是满面笑容，表示出很得意的样子"。后来汪精卫在国民党第二次全国代表大会上的《政治报告》中曾说：廖仲恺"因为有一个月之久和越飞互相辩论，把各种问题通通研究过了"。所以，"此时东方人未知道的许多事情，廖同志便已知之甚详，如俄国之现状，俄国对东方被压迫民族之态度，与俄国何以想和中国携手之原因，都已十分了解"。这说明廖仲恺从谈判中了解了关于十月革命和苏联政治制度、内外政策的理论和实践。

廖仲恺这次访日在热海与越飞等人的会谈，是"历史上第一次正式的中苏友好会谈"。它是孙、越上海会谈的继续和深化。它的圆满成功，及其后来通过马林继续与越飞保持的联络，无论对廖仲恺本人及孙中山的广州革命政权来说，还是对苏联政府而言，都产生了积极、重大而深远的影响。

首先，廖仲恺和越飞等人的相处、恳谈，是他的思想转变的关键。此后，他的视野开阔了，观察敏锐、深入了，开始明确了中国革命的一些基本问题，完全理解和赞同联俄的革命政策，此后竭尽全力帮助孙中山做"联俄"的工作，鼎力推动并襄助孙中山实施"联俄"政策，直至最终使他成为忠实执行"联俄、联共、扶助农工"政策的楷模和国民党左派领袖。廖仲恺也因此更加得到孙中山的信赖和共产党人的尊重。

其次，对于孙中山的广州国民党政府和苏联政府双方来说，正是由于廖仲恺与越飞等的会谈和联络，进一步落实了《孙文越飞联合宣言》中的一些细节内容及实施方案，促使苏联政府援助和支持孙中山的各项承诺既可以不断得到落实，又能够使苏联因此在中国南方拥有了忠诚的友人，从而建立并加强了两方面的合作关系。廖仲恺与越飞的热海会谈，具有重大意义，影响深远。

二、为国民党全面改组作出贡献

孙中山接受共产党提出的关于建立联合战线的意见后，便在共产党人的帮助下，积极进行改组国民党的准备工作，为实现国共合作创造条件。

1922年9月4日，孙中山召集在沪各省同志（包括已加入国民党的共产党人）53 人，对国民党改组问题交换了意见，得到了一致的赞同。9 月 6 日，在上海成立了国民党改进案起草委员会，包括共产党人陈独秀在内的 9 人为委员，开始筹划国民党的改组事宜。改进案起草委员会起草的初稿完成后，11 月 15 日又召集在沪各省同志 59 人（包括已参加国民党的共产党人林祖涵等）进行审查、修订。12 月 16 日至 18 日，孙中山再次召集在沪同志 65 人，审查国民党改进案宣言，并审核党纲、党章。1923 年元旦，发表《中国国民党宣言》；次日，召开了中国国民党改进大会，公布了党纲和党章草案。21 日，孙中山以总理名义任命中国国民党本部各部部长。23 日，廖仲恺等 21 人被任命为参议。此外，军事委员会委员、本部干事、书记及国内总支部、分部成员，也一律重新委任。

这时，留驻广西的滇军杨希闵、桂军刘震寰以拥护孙中山为名，进军广州，向叛军陈炯明发动进攻，把陈炯明驱逐出广州。孙中山 1923 年 2 月由上海重新返穗，复任陆海军大元帅，3 月 1 日成立大本营。廖仲恺于 2 日被委任为大元帅大本营的财政部部长；7 月 14 日，兼任统一广东财政委员；10 月 27 日，兼任大本营筹饷总局总办。

广东革命政权重建之后，孙中山和廖仲恺一起，本拟励精图治，力争在政治上有较大的进展，但是，打着拥护孙中山旗号的滇、桂军阀盘踞广州，飞扬跋扈，讨饷索弹，争权夺利，根本不听孙中山指挥。他们在北洋军阀的收买、分化下，纷纷叛变。南路驻军吕春荣、邓本殷等部投降陈炯明后，联合攻占廉州；沈鸿英部叛变后攻占韶关；海军司令温树德亦率"永翔"等四舰脱离大元帅府的领导。此外，盘踞惠州的陈炯明部在帝国主义和直系军阀的支持下也蠢蠢欲动，妄图兵分三路进袭广州；粤北有北洋军阀的窥视；香港的英帝国主义者则公开策动叛乱，妄图颠覆广东革命政府。因而，这个政权内外受敌，困难重重，随时有被颠覆的危险。廖仲恺和孙中山看到重新建立起来的革命政府已到了存亡绝续的紧要关头，认为改组国民党的工作更是刻不容缓。于是，他们在组织武力讨伐叛逆的同时，加速了改组国民党的步伐，以便促使形势好转。孙中山于同年 5 月 7 日调任廖仲恺为广东省省长，以加强对广东革命根据地和改组国民党工作的领导。

廖仲恺担任广东省省长后，把主要精力用于协助孙中山筹备改组国民党的工作。他把孙中山委托国民党特别顾问鲍罗廷用英文起草的国民党组织法及党章、党纲等重要文件，一一翻译成中文，送给孙中山审定。1923年 10 月 10 日，中国国民党恳亲大会在广州第一公园举行。廖仲恺代表孙中山出席大会，发表演说，号召大家积极参加改组的工作。中旬，他和共产党人李大钊等 5 人奉孙中山的特命，担任了筹划改组国民党事宜的改组委员，从事改定党章等项工作。24 日，又接受孙中山的特别委派，负责召集国民党特别会议讨论改组问题。他立即行动，于第二天（10 月 25 日）在广州财政厅主持召开了有 100 多人参加的国民党特别会议。会上，廖仲恺首先宣读了孙中山致与会者的专函，并组织大家按照孙中山提出的“详为审议，悉心擘划，务期党基巩固、党务活动，以达吾人之宗旨目的”的要求，讨论国民党改组的问题。廖仲恺在这次会议上明确指出改组的理由，他说：自中华民国建立以来的 12 年中，国民党“多在失败地位”，究其原委，“皆因根本不巩固”；并进一步指出，“其故实由于组织尚未严密，今日必须改组，根本整理，本党方有起色。吾国如是之大，要改良政治，必先有严密组织之团体”。他结合个人的亲身体会说：“本席在党用力多年，觉本党内容，多未完备，且欠缺纪律”，所以一定要进行改组。他强调，今日“召集此特别会议，就是专讨论改组之必要，及改组之计划”。与会者经过认真讨论，一致赞同按照所拟定的计划进行改组。

与此同时，廖仲恺和谭平山、胡汉民、杨庶堪、陈树人、林森、邓泽如、孙科、吴铁城等 9 人担任国民党临时中央执行委员，另有李大钊、许崇清、汪精卫、谢英伯和古应芬 5 人为候补委员，组成国民党临时中央执行委员会，全权负责筹备国民党的改组工作。10 月 28 日，廖仲恺在广州市政厅受孙中山命主持召开了临时中央执行委员会第一次会议，宣布临时中央执行委员会正式成立。之后，在廖仲恺的主持或参与下，临时中央执行委员会自 11 月 1 日起，连续召开了多次会议，讨论改组中的具体问题，并着手起草宣言、党纲、章程草案；办理各地分部登记；建立广州市党部、区党部、区分部的组织；调查工农群众及中层阶级状况；统一宣传机关，出版《中国国民党周刊》，宣传改组意旨；设立讲习所，以训练各区分部执行委员；制定召开代表大会议事纲要；指导大会代表的选举；分别召开党务会议和党务大会，讨论筹备改组的有关事宜等；还决定明年 1 月在广州召开第一次全国代表大会，并决定每省代表名额为 6 人（各省党员推举 3 人，孙中山指派 3 人），海外总支部代表约 12 人。

11 月 10 日，廖仲恺将改组国民党筹备工作进行情况及有关问题，向孙中山作了详细汇报。当时，孙中山指出："考本党不进原因，约有二事：组织之未备也，训练之未周也。"所以必须改善组织，使党员活动从过去的"由上而下"变为"由下而上"。至于加强训练，也要"从基础着手"。在此前后，孙中山曾反复强调，"吾党此次改组，乃以苏俄为模范"；"吾等欲革命成功，要学俄国的方法、组织及训练，方有成功的希望"，以期使改组工作沿着正确的轨道进行。

为了取得改组工作的经验，国民党临时中央执行委员会还决定先在广州市试点，按照党的新章程草案改组广州市党部。10 月 28 日的临时中央执委会第一次会议上，专门讨论了广州的改组试点工作，决定成立党员登记委员会，重新登记党员，并拟定分部组织章程和党员登记表式。当时，国民党特别顾问鲍罗廷提出：于"六个月内，可将广州市变成吾党最巩固之地盘"。为此，廖仲恺又和林森、邓泽如、孙科、谢英伯 5 人，被委派负责改组广州市党部的工作。廖仲恺于 11 月 11 日在广东高等师范学校主持召开了国民党广州市全体党员大会（当时广州党员登记已达 3649 人），代表孙中山向党员致训词，传达了改组国民党和召开大事的理由，痛切指出国民党 10 余年来没有进展，根本原因是"组织未备""训练未周"，"不特以全党事务委一人之手，且以一人而供孤注，其不失败不陨越者几希。今后当知所鉴。……务使以前党员活动由上而下的形式，一反为由下而上"。他要求全体党员团结一致，认真贯彻执行。大会通过致电在东江前线的孙中山，表示全体党员热诚拥护改组，并勉励前方将士奋勇杀敌。会后，广州市 12 个区分别举行区分部组织会议，成立了国民党各区分部。廖仲恺以临时中央执行委员的身份，兼任第三区分部主席，负责领导该区分部的改组工作，一直到改组工作全部完成。

国民党广州市组织的改组工作，由于廖仲恺的亲自主持和努力，党员登记及有关的组织会议都按照计划开展起来，取得了显著的成绩。据当时的记载，截至 1924 年 1 月 12 日，广州市"成立了 9 个正式区党部、3 个代理区（党部）、66 个区分部、3 个特别区党部"。党员登记者激增至 8218 人，新增的党员多为青年学生及工人。

同时，廖仲恺清楚地认识到，各级干部的优劣，直接影响着国民党的路线的贯彻执行，因而非常重视干部的培训工作。他在 11 月 12 日召开的广州市国民党各区分部组织员与执行委员联席会议上，讨论创办国民党党校时指出："本党之学校，以党纲之解说为最要，非如其他学校之用教科书，故教员必择其良好者。如在党中选出教员数人，先养成教员人才，则以后不患无相当之人才矣。"他的意见，得到与会者的一致赞成。

此外，在进行国民党改组试点的同时，廖仲恺鉴于形势发展很快的实际，依据国民党临时中央执行委员会的决定，在广州发起组织了国民义勇军。他发出号召后，广州市各区分部执行委员纷纷报名加入，几天工夫，已拥有 200 多人。之后，稍加操练，就成为了一支保卫革命政权的武装力量。

11月29日，廖仲恺受孙中山的委派赶赴上海，与各省支部商讨改组问题，并召集胡汉民、汪精卫、张继、叶楚伧和戴季陶5人筹组国民党上海临时执行机构。他根据孙中山的指示，偕同谭平山抵沪后，积极筹划改组工作。12月9日，国民党中央干部会议在上海举行第十次会议，讨论有关改组事宜。廖仲恺在会上报告了改组的意义及所采取的措施，他指出："前数年已觉本党之有缺点。但不知缺点在何处，今年始寻出，故遂决然改组。"随即成立上海临时执行委员会，负责该地区的改组工作。他于12月23日在上海斜桥湖北会馆有3000多人参加的上海国民党员大会上，强调"改组党务，为本党五六年来认为最重要之问题"，并进而指出："惟每年奋斗结果，大都俱属无聊。而其重大原因，实由于章程办法之不尽妥善，遂使党员抱有才能，不克发展以改革国家。此次广州方面党务改组，于党员对国事表示意见之机会，力有策划。故此次组织方面，于中央委员会外，有各省、县委员会及区分部之设置，俾各党员俱有充分发表思想之可能。"他说："广州区分会之组织，即先以登记入手，故成绩殊为良好。"大会之后，即举行上海7个区的分区会议，成立了各区分部，并投票选举了上海市出席全国代表大会的代表3人。

廖仲恺胜利完成使命后，于1924年1月7日乘船离沪返穗。他回到广州，向孙中山汇报了上海之行的情况，并对政府中的有关人员发表了关于时局的谈话，指出："国民党改组问题中连带而发生之事务，办理甚为完备，即如各省选举代表一事，今已次第选出。"他满怀喜悦地说："国民党近日之活动，甚有朝气，国内各小党，如共产党为较著者，亦一致加入吾党，以图合作，前途之顺遂，可预卜也。"

廖仲恺受命主持或积极参与下的国民党临时中央执行委员会，在孙中山的直接领导和中国共产党与苏联顾问的帮助下，在改组工作的组织及宣传等方面，做了大量的工作。从1923年10月28日第一次会议开始，至

1924 年 1 月 19 日代表大会开幕前止，两个多月的时间内共开会 28 次，议决后已办和正在办理的各种案件 400 余件。其中最重要者，有全国代表大会案、国民党改组宣言案、党纲草案、组织义务军案、慰劳前敌军人案、筹办国民党军官学校案及筹设宣传学校案，等等，胜利完成了改组国民党和召开第一次全国代表大会的一切准备工作。

三、向接受发展了的三民主义飞跃

1924 年 1 月 20 日，以国共合作为标志的中国国民党第一次全国代表大会，在广东高等师范学校（今广东省博物馆大院内）正式开幕。大会代表总额为 198 人，出席代表 165 人。列席会议的还有鲍罗廷等人。孙中山以总理的身份亲自担任大会主席。共产党人李大钊、毛泽东、林祖涵等出席了大会。李大钊是主席团成员之一，参与大会的领导工作。廖仲恺是大会的实际组织者，也是孙中山在确保这次大会胜利进行过程中最为得力的助手。他被孙中山指定为广东省三个代表之一，并担任了大会的党务审查委员会委员、国民党章程草案审查委员会委员，在大会进行中起了重要作用。

孙中山在开幕词中，宣布此次国民党改组要做两件事：第一，把国民党组织成一个有力量的政党；第二，用政党的力量去改造国家。当天下午，廖仲恺专门就国民党改组问题发言，详细阐述了国民党改组的必要性。他说："本党何以要改组？国家何故此时再来建设？必先求其原理，在本党宣言书与政纲中，都已发表出来。"他联系过去 10 余年革命目标不明确、一再失败的教训，深刻地指出："前十余年，我们日言破坏与建设，或破坏后建设。但破坏的是些什么？破坏的目标，又在什么地方？建设的又是什么东西？凡此均应先行认清。否则虽闹来闹去，十年二十年，甚至百余年，还是不能得有眉目。所以应先定目标，而后成功可期。一个党为什么要讲组织和方法？自然因为都是很紧要。但组织若无内容，则组织不成为组织；方法若无主义，则方法尽变为空虚，永远没有成功的希望。我们自讲三民主义以来，到底发挥了多少？实行了多少？以前的错误，我们不能不承认，也不应该不承认。以前本党之一再失败，而国家之乱源亦由是不能廓清，其故既（即）在于认识目标之不清。现在我们已有宣言，目标算是已定"，应该努力付诸实施。

1 月 23 日，大会通过由廖仲恺和鲍罗廷及共产党人瞿秋白等人一道起草的《中国国民党第一次全国代表大会宣言》，接受了中国共产党所提出的反帝反封建主张，确立了"联俄、联共、扶助农工"三大政策，把三民主义作了新发展。

《宣言》第一部分"中国之现状"中，总结了过去革命斗争的经验和教训（特别是辛亥革命的教训），分析和批判了当时社会上流行的各种错误的、反动的政治流派——立宪派、联省自治派、和平会议派及商人政府派，指出只有实行国民革命和三民主义，才是中国的"唯一出路"。《宣言》第二部分"国民党之主义"中，重新解释了三民主义。民族主义主张"使中国民族得自由独立于世界"，"中国境内各民族一律平等"，反对民族压迫，承认"中国以内各民族之自决权"；并宣称民主革命胜利后，将组织自由统一的（各民族自由联合的）中华民国。民权主义主张普遍平等的民权，使民权"为一般平民所共有，非少数人可得而私也"。民生主义主张平均地权、节制资本，反对土地权"为少数人所操纵"，反对私有资本制度"操纵国民之生计"；同时，十分注意农民和工人的经济地位与生活状况，指出他们的处境是最痛苦的。为此，制定了改进的条例。《宣言》第三部分"国民党之政纲"中，包括对内和对外政策，其主要内容为取消不平等条约，废除军阀所借的外债；确定人民的自由权力，改善人民生活；

等等。《宣言》认为这些政策是"目前救济中国之第一步方法"。

《宣言》通过后，孙中山对《宣言》作了说明，并指出："我们有此宣言，决不能又蹈从前之覆辙，做到中间，又来妥协。以后应当把妥协调和的手段一概打消。"

经过重新解释的三民主义，是"联俄、联共、扶助农工"三大政策的三民主义，是革命的三民主义。它的主张与中国共产党在民主革命阶段上的政纲虽然不完全相同，但基本原则是相同的。因而，新发展的三民主义就成为中国共产党和孙中山领导的中国国民党合作的政治基础。

廖仲恺坚决支持孙中山的三民主义革命纲领。他在通过《宣言》的当天下午的大会发言中，高度赞扬了《中国国民党第一次全国代表大会宣言》，对大会宣言的审查修正结果表示十分满意，并给予很高的评价。他说："本席对此宣言有三种见解：第一层，本党之宣言及政纲，是革命的性质，实行打破一切军阀官僚，铲除一切发展的障碍，并且表现本党作事的精神，不可与普通的一般宣言同论。第二层，我国从前许多政党，都有洋洋大文发表，其实皆满纸空谈，一无价值，绝对不如本党此次之宣言，丝毫不假借，完全依照主义而实行。第三层，此次本党既发表切实之宣言，实将本党置于几何学之定点上。有了定点，才能前进，才能发展，如太阳升天同一向上发扬光大。"他还指出："此宣言不但代表本党大会诸君的意思，并且代表全国人民的要求"，并表示要坚决贯彻到底，"嗣后无论如何，必须以此宣言为奋斗进行之标准，努力前进！"（《中国国民党第一次全国代表大会会议录》，第 26 页）

廖仲恺抱着万分兴奋的心情，积极投身于国民党第一次全国代表大会的准备和召开各项工作，作出了卓越的贡献。他对于三民主义的新发展和三大政策所持的态度与表现，不论在客观实践中还是在主观思想上，都在努力向接受发展了的三民主义飞跃。

四、为促成"联共"而努力

国民党在辛亥革命后是一个组织松懈、成员良莠不齐的组织，官僚、军阀、政客、投机分子混迹其中。孙中山虽有改组国民党的决心，但当时积极赞助改组的只有廖仲恺、宋庆龄、何香凝、柳亚子和彭泽民等极少数人；而为数颇多的党内右派分子，如冯自由、张继、胡汉民、邹鲁、谢持、邓泽如等，则坚决反对改组。在国民党改组过程中，党内右派分子有的公开反对，抗拒三大政策；有的暗中破坏，采用一切卑劣手段进行阻挠，使改组工作每前进一步，都要经过艰苦的斗争。

早在国民党酝酿改组时期，国民党右派分子就反对国共合作。戴季陶一直在上海，迟迟不肯到广州，并寄信给廖仲恺诬蔑中国共产党，声言如果"叫共产党参加进来，只能把他们作为酱油或醋，不能把他们作为正菜的"。汪精卫也散布恶言，反对改组，认为："共产党如果羼入本党，本党的生命定要危险；譬如《西游记》上说，孙行者跳入猪精的腹内打跟斗，使金箍棒，猪精如何受得了！"孙中山不相信右派们的胡言乱语，他有一次对冯自由说："你们怕共产党，不赞成改组，可以退出国民党啊！"面对一些人公然以退党相威胁时，孙中山在大元帅府一次紧急会议上大声斥责反对国共合作的人，他气愤地说："你们若不赞成，我将来可以解散国民党，我自己一个人去参加共产党。"（何香凝：《回忆孙中山和廖仲恺》）

1923 年 11 月《中国国民党改组宣言》刚发表，邓泽如、林直勉等 11 人就联名上书孙中山，反对国民党改组，并大肆攻击共产党。孙中山对其书信逐一加以批斥后，他们仍不甘心，继续阳奉阴违，进行阴谋活动，企图"组成一会，为救党准备"的小团体，来争夺代表席位，把持代表大会，使改组工作走入歧途甚至中途夭折。

廖仲恺面对左派和右派日益激烈的斗争，他立场坚定，旗帜鲜明，和孙中山一起同右派势力进行了不调和的斗争。他"很勇敢很坚决去干"，毫不妥协和动摇，排除种种障碍和阻力，积极地进行改组工作。在一次回答何香凝告知的"有许多老国民党员反对改组"时，他明确地指出："民国成立已经十余年，孙先生的三民主义还不能够实现，这明是党的组织的问题。我可怜先生奋斗一生未能够实现他的主义，所以非把国民党改组不可。……他们并不为党的前途打算，只为闹意气的反对，不必管他，我决要改组，不必计较这利害的。"廖仲恺正是通过同共产党人的接触，进一步认识到什么是革命和怎样革命，曾愤怒地斥责戴季陶"哪里懂得革命是什么东西！"并深刻认识到只有改组国民党，使之适应新的革命形势，才能真正实现孙中山的革命学说。因此，他对这次改组抱有极大的信心和决心，坚定地宣称："我为国家，为本党，无论何人反对，我皆不畏。即击我杀我，亦在所不惜。"

代表大会除了《宣言》，还有另一项重要议程，就是审查并通过《中国国民党章程》。围绕着是否接受共产党人加入国民党、是否承认中国共产党的独立存在等问题，国民党内左、右派势力在代表大会上又发生了激烈的冲突。承认共产党员加入国民党，运用党内联合这样一种形式推进国共两党合作，这是使代表大会宣言所提出的各项任务得以圆满实现的根本组织保证。国民党右翼势力在图谋迫使大会废弃宣言的阴谋失败以后，便利用讨论党章的机会，千方百计想将共产党员拒之于国民党外，从而破坏国共合作与国民党改组。

这次大会中，廖仲恺站在主张国共合作的最前列，他在党务审查委员会和章程审查委员会中，同共产党员谭平山、李大钊、毛泽东等站在一起，批驳了各种反对"联共"政策的谬论。

1月28日，代表大会举行全体会议，讨论《中国国民党章程草案》。

讨论一开始，广东特别区代表方瑞麟便向大会提出："党章应明文规定本党党员不得加入他党"。在发言中，他公开叫嚷，不能同意其他政党的代表参加国民党。一呼群应，立即得到了10余人的附议，会议大厅顿时喧嚷起来。他们企图以禁止共产党员跨党、若加入国民党就得脱离共产党的办法来破坏国共合作。他们的意见"当即引起会场激烈辩论"。为了粉碎这项挑衅性的动议，李大钊代表参加大会的以个人身份加入国民党的共产党人发表声明，严正驳斥了这一荒谬提案。他阐明了国共合作的必要，指出共产党人加入国民党对于革命运动的发展具有积极的意义："我等之加入本党，是为有所贡献于本党以贡献于国民革命的事业而来的"；"我们对于本党实应负着二重（两种）的责任，一种是本党党员普遍的责任，另一种是为本党联络世界的革命运动以图共进的责任"。他理直气壮地宣布："本党总理孙先生亦曾允许我们仍跨第三国际在中国的组织，所以我们来参加本党而兼跨固有的党籍是光明正大的行为，不是阴谋鬼祟的举动"；同时揭露国民党右派分子对共产党"猜疑防制"，是国民党"发展前途的障害"，必须"明揭而扫除之"。尽管如此，不少代表还是不认识共产党员加入国民党的积极意义，还是有江伟藩和黄季陆等数人发言，反对李大钊的跨党主张；支持右派分子的谬论，争论从上午一直延续到下午。

廖仲恺针对几天来的争论，挺身而出，在大会上作了一次态度最为鲜明的结论性发言，严厉驳斥了右派分子的谬论，完全同意李大钊的声明，极力主张同共产党人合作。他气愤并义正词严地说："我坚决反对把限制其他政党党员加入我党这一条例列入党章。"指出："吾人第一要问，我们的党是什么党，是不是国民党？第二要问，我们的党是否有主义的，是否要革命的？如果对于我们的主义能服膺，革命能彻底，则一切皆可不生问题。且加入本党的人，我们只认他个人的加入，不认他团体的加入；只要问加入的人，是否诚意来革命的，此外即不必多问。"他还进一步强调指出："此次彼等之加入，是本党一个新生命。诸君如果不以为然，请先闭目静想，其意何居，彼等亦不是来拖累我们的，是与我们同做国民革命功夫的。请大家思之，重思之。"在此次会前，他还曾对人们说，"世界各国和中国都不能联络，我们在国际上正缺少朋友，现在俄国既诚心和我们联络，我们便不应该拒绝它的党徒"，"应该懂得只有联合其他革命政党的力量，我们才能实现革命！"

廖仲恺旗帜如此鲜明的演说，激起一阵阵热烈的掌声与赞许声。毛泽东是湖南代表，立即提议大会进行表决，方瑞麟的提议终于被否决。于是国共合作在国民党党章中被正式确定下来。

回顾关于国民党党章的讨论和审查，从 22 日上午由临时中央执行委员会向代表大会提出报告后就开始进行，至 28 日（23 日和 27 日两天除外）共历时 5 天。审查时间之长，争论之激烈，是通过其他议案时所没有的。其余的议案，差不多都是"照案通过""照报告通过"。由此可见，围绕党章中的国共合作问题在大、小会中都有激烈辩论，斗争十分尖锐。最后，在孙中山的坚决支持下，在共产党人和廖仲恺为代表的国民党左派的共同努力下，大会通过了国共合作的决议，同意共产党员及社会主义青年团员得以个人资格参加国民党，确立了"联俄、联共、扶助农工"三大革命政策，并通过了《中国国民党章程草案》。右派分子破坏国共合作的阴谋未能得逞。

由于孙中山既依靠了中国共产党人和苏联顾问的帮助，又依靠了廖仲恺为代表的国民党左派势力，才保证这次代表大会取得了重大成功。代表大会除通过了宣言和党章外，还通过了新的国民党党纲和改组国民党使之革命化的各种具体办法，选举了国民党中央执行委员、候补中央执行委员和监察委员，李大钊、毛泽东、于方舟等共产党人均被选入。代表大会于 1 月 30 日胜利闭幕。国民党从此被改组成为工人、农民、小资产阶级和资产阶级的统一战线的组织。总理制也改为委员制。廖仲恺被选为中央执行委员会委员；又在中央执、监委员会上被推定为执行委员会 3 个常务委员之一（另二人是谭平山和戴季陶），兼任工人部部长。

由于廖仲恺对改组国民党有着深刻的认识，深知联俄、联共是中国革命所必须，因而能以鲜明的立场、坚定的态度，全力支持改组国民党的工作，促成"联俄、联共、扶助农工"三大革命政策的制定。他坚决地同国民党右派势力进行不调和的斗争，在斗争中起着核心作用，"是始终赞助最力的一人"，是国民党改组的坚强支柱。他在这一历史性的事件中的巨大贡献，除了领导人孙中山，也是无人能够超过的。这一点，连当时的蒋介石也不得不承认：如果没有廖仲恺的努力，改组国民党的工作不可能如此成功。

中国国民党第一次全国代表大会取得了圆满成功。大会所通过的宣言、党章和各项决议，标志着中国国民党在思想上、政治上、组织上都获得了新生。廖仲恺对于大会的胜利进行作出了卓越的贡献。在整个会议期间，他和中国共产党人及鲍罗廷等苏联顾问密切合作，积极协助孙中山始终坚持大会的正确方向，摒弃各种恶意的中伤和阴险的挑唆，排除各种干扰，跨出中国国民党发展过程中最有意义的历史步伐。廖仲恺在会议期间为保证三民主义的新发展，为确保"联俄、联共、扶助农工"三大政策为代表大会所承认，进行了艰苦不懈的努力。

国民党第一次代表大会的成功，还标志着中国各民主阶级统一战线的形成，也标志着中国国民党与中国共产党第一次合作的正式开始。改组后的中国国民党，由于得到了中国共产党和工农群众的支持与帮助，有了很大的进展。从此，中国人民反帝反封建的民主革命运动迅速开展起来，并逐渐走向高潮。

第五章

国民党左派的光辉旗帜

积极参与筹办黄埔军校

领导扑灭反动商团叛乱

站在反帝反军阀斗争最前列

执行三大政策的楷模

一、积极参与筹办黄埔军校

中国的民主主义革命，从1924年开始进入了第一次国内革命战争阶段。由于国民党改组的成功，国民党和共产党实现了合作，革命统一战线的建立带来革命运动的高涨，中国革命出现了崭新的局面。

当时，工农群众运动在共产党人的组织和推动下，从低潮走向高潮。遭到破坏的工会组织得到了恢复和发展，农会也陆续建立起来。其中南方工农运动的高涨特别显著。在《中国国民党政纲》中有"制定劳工法"和"保障劳工团体"的规定。改组后的国民党开始实行"扶助农工"的政策，工农运动首先在广东开展起来。廖仲恺领导的国民党中央工人部，积极支持工人运动。在工人部下成立了广州工人代表会和工团军。在全国各级的国民党部中，均设立了工人部。工人部的秘书和干事多数由共产党员担任。他们都在积极地发动和组织工人，推动工人运动的发展。1924年7月间，中国共产党领导了广州沙面数千工人反对英帝国主义的政治大罢工，坚持一个多月后取得了胜利。这次罢工，不但轰动了广州和香港，而且波及中国的中部和北部。接着有上海南洋烟厂工人、汉口人力车夫、苏州机织工人和浙江余姚盐民的罢工，参加的人数都在万人左右。林祖涵主持下的国民党中央农民部，也大力支持和开展农民运动，派出农民运动特派员到各地进行宣传和组织工作。从1924年到1925年5月，广东省有22个县成立了农会组织，有组织的农民达21万余人。在广州工人成立工团军的同时，广州郊区农民也组织了农民自卫军，其他各县也组织了农民武装。湖南衡山一带有10万农民加入农会，农会领导农民同湖南军阀、恶霸地主进行了斗争。

工人运动和农民运动的蓬勃发展，进一步推动了孙中山和廖仲恺等革命民主派的进步。广东呈现出一派革命景象，成了革命运动的策源地。

这时，孙中山和廖仲恺积极进行建立革命武装的工作。他们在十月革命的影响和中国共产党的帮助下，从过去因缺乏革命武装屡遭失败的教训中，逐步认识到组织革命军队的极端重要性。所以，在1924年国共合作前后，他们便决心汲取苏联红军的经验，着手建设自己的革命武装。

近代中国反帝反封建民主革命的特点是武装夺取政权。所以，中国国民党从它的前身中国同盟会创立以来，武装斗争几乎没有中断过。然而，它始终没有建成一支由党领导的革命军队。起初，它较多地利用新军和会党；在反袁、护法等斗争中，它所凭借的往往是这一派或那一派军阀所掌握的军事力量。俄国十月革命的成功，以及后来苏俄反击各个帝国主义国家武装干涉斗争的胜利，给了孙中山、廖仲恺等以重要启示。从苏联红军的建立和发展中，他们逐渐看到了创建革命军队的重要性。1921年12月，马林到桂林与孙中山会见，到广州与廖仲恺晤谈，都讨论了创办军官学校、建立革命军的基础这一问题。1923年初，廖仲恺同越飞热海会谈的一个重要议题，便是如何使这一建议变成事实。孙中山派蒋介石率领"孙逸仙博士代表团"赴苏联考察，考察的重点便是苏联红军的组织、训练和设备，以及中苏双方进行军事合作的问题。

蒋介石在莫斯科逗留期间，廖仲恺于1923年10月15日主持召开的国民党党务讨论会，通过建议设陆军讲武堂于广州，训练海外回国的国民党青年子弟，俾成军事人才的议案。旋即，廖仲恺所主持的临时中央委员会便决定：将新建军官学校命名为国民军军官学校，拟由孙中山亲自担任校长，由廖仲恺和鲍罗廷等具体负责筹建。在国民党第一次全国代表大会期间的1924年1月24日，孙中心便下令正式宣布筹办中国国民党陆军军官学校（因设在广州东郊黄埔岛，一般称为黄埔军校），准备招生，并指派邓演达、王柏龄、沈应时、林振雄、俞飞鹏、张家瑞、宋荣昌7人为筹备委员会委员；由于蒋介石曾率代表团去苏联同红军将领讨论过建立军官学校事宜，便任命蒋介石任筹备委员会委员长。

当时，筹建军校既没有经费，又缺枪械，更没有教官，人力、物力都甚为困难。不料开始工作半个月后，主持筹建工作的蒋介石以"环境恶劣，办事多遭掣肘"为由，于2月21日提出辞呈，擅自离粤返回原籍浙江。孙中山于2月23日委派担负党务重任的廖仲恺代理军校筹备委员会委员长，负责筹建军校，并开始办理招生工作。

廖仲恺对于蒋介石不顾革命利益，擅离职守的行为非常不满，他严厉批评了蒋介石的这一举动，气愤地说："创办军校是党的决定，不论谁来主持，都要办的，决不会因某人不来便停办的。"于是，他全力挑起了创办军校的重担，不辞辛劳地四处奔走，克服人力、物力等各方面所存在的极大困难。当时共产党的同情者叶剑英，积极协助廖仲恺的工作。他回忆说：廖仲恺和参加筹建工作的邓演达等人，"都具有一副新的精神，热烈地从事工作。制计划、编教材、布置校舍、进行招生等都顺利地进行着"。

这所我国近代第一所专门为革命培育军事人才的学校的创立和发展，廖仲恺是出了很大力的。举凡订定校章、修理校舍、聘请教官、招考学生、审查学生资格、决定第一期学生教练计划，等等，都是在他的领导和过问下进行的。为了促使黄埔军校尽快成立，廖仲恺领导的军校筹委会从1924年2月初到5月初先后开会32次，讨论和议决了办校的一系列具体问题，从而保证了军校各项筹备工作的顺利进行。

廖仲恺着重从招生、经费和干部三方面入手，打开了创建军校工作的崭新局面。

关于招考学生，廖仲恺明确提出，选拔学生要"特别注意"政治质量，他说："要其人明白本党主义，且诚实可靠，能做事，方可入选。"军校筹委会专门拟订出《考选学生简章》，规定对考生进行体检、政审和笔试、口试，择优录取。当时，除广东可以公开招生，其他各省都在军阀控制下，只能秘密招生或动员青年学生到广州投考。中国共产党和社会主义青年团的各地组织，对招生工作起了很大作用。北京、上海、武汉、长沙、济南等地区的党组织，介绍了大批党团员和青年工人前来投考，其人数之多，"占了应考者的一大部"。由于应考青年极为踊跃，3月间便完成了学员入学测验。后又经几次扩招补录，军校第一期6个学生队共达1766人。

黄埔军校筹办之初，武器奇缺，经费十分窘困。廖仲恺为此东奔西跑，煞费苦心。孙中山批给的300支粤造七九毛瑟枪迟迟不能到位，到开学时才领到30支，仅够勉强分给卫兵站岗放哨之用。鲍罗廷等答应由苏俄运一批枪弹供军校使用，当这批枪弹深夜运到广州时，廖仲恺就在半夜3时起床，亲自去监督起运上岸。当时广东的财政大权几全被滇系、桂系军阀杨希闵、范石生所把持。政府税收无多，而苏俄政府应允的200万卢布又

黄埔军校大门

迟迟未兑现。杨希闵等为反对孙中山组织革命武装，则从财政上进行掣肘，百般阻梗，处处刁难，妄图使军校筹建中途夭折。在此情况下，廖仲恺为了筹措军校的经费，殚精竭虑，真所谓艰难百折非所恤，蜚言万端非所顾。他常常深更半夜赶到杨希闵吸食鸦片烟的烟床旁，耐着性子等候杨希闵签好字，然后领到款子，立即给黄埔军校送去。黄埔军校学生的学费、住宿费、伙食费，甚至服装费、书籍文具费用，都是这样辛苦筹来的。所以，黄埔军校确实可以说是廖仲恺心力交瘁的产物。

在军校干部的配备方面，廖仲恺一方面曾先后给蒋介石发出 10 多通函电，批评他消极怠工的错误，催促其速来广州参加军校工作。蒋介石则以军校经费无着为借口，迟迟不回广州；并在复函中表示反对"联俄""联共"的政策，诋毁列宁领导的苏维埃国家和中国共产党。后来他得知廖仲恺已克服重重困难，军校建设工作基本完成，并得到了廖仲恺的"经费不乏，尽可安心办去"的保证，才于 4 月下旬返回广州。另一方面，廖仲恺聘请一批苏俄军事顾问到校工作，又积极招揽国共两党的优秀军政人才来校工作。他对李大钊介绍到广东大学担任图书馆馆长兼教授的"中共黄埔第一人"张申府特别热情，常与其交换军校工作的意见，并托其推荐些在国外学习的优秀学生到军校工作。廖仲恺看到张申府所开出的中共党员周恩来、恽代英、周佛海等 15 人名单后，立即给其中一些人汇去回国旅费。其中的一些人后来成为军校政治教育的领导者和骨干。

孙中山对创建军校极为重视，原本决定亲自担任校长，后来另派蒋介石专任校长，自兼军校总理，而廖仲恺则受命为驻校国民党党代表。他们三人组成校本部最高领导，直属国民党中央执行委员会。中国共产党先后委派聂荣臻、恽代英、肖楚女、熊雄、张秋人等在军校担任各项负责工作。

为保证建军任务的实现，学习苏联红军的建军原则，军校设立了党代表和政治工作制度。这一制度是黄埔军校的突出特点，它保证党的主义和政策得到贯彻，使军校成为培养革命军事干部的工具，而不至于变为军阀官僚的工具。在第一次国内革命战争时期，党代表和政治工作制度一起推行到国民革命军各级部队中去，成为国民革命军区别于过去一切旧军队的主要标志。它也是使国民革命军有旺盛的战斗精神，保持同工农群众联系，得到群众拥护的一个重要因素。

廖仲恺把开办黄埔军校视为与国民党改组可以相提并论的两件重大事件。他当时身兼数职，非常忙，但仍差不多每天都要到学校去。作为军校党代表，他所最为关注的，就是确保军校学生的政治素质，确保他们能够坚持为实现中国国民党第一次全国代表大会宣言所规定的目标而英勇奋斗。他在军校的演讲中，一再告诫学生要晓得为什么进这个学校，并不是为做官、为拿指挥刀……是为救国才来革命。他语重心长地说，要以国家的利益为前提，……一心准备革命。他以俄国革命成功的经验教育大家：想救中国，要使军校和革命军创建成功，首要的大事是如何解决统一组织、意志和精神的问题。廖仲恺郑重地指出："要救中国，只有三件事，就是要统一的组织，统一的意志，统一的精神。这三件事，须从国民党做起，尤其须从本校做起。如果这三件事做不成功，就是本校失败。本校失败，就是国民党失败。"他还列举俄国十月革命后国势蒸蒸日上的实例，来说明"三统一"的重要。"苏俄自有组织、有计划的共产党掌握了政权以后，国家改造的一切事业，都能够表现出有统一的组织，统一的意志和统一的精神来，所以成为苏维埃共和国的新生命。"（《救国的三要件》，见《廖仲恺集》第158页）廖仲恺提出的这一救国、治军的主张，是切中时弊的。当时，广东革命政府内有"假革命之名，以行盗贼之实"的滇、桂系军阀，他们横行霸道，为非作歹，造成军政、民政、财政的极不统一，一切革命政策无法实行。国民党内又有右派分子猖狂活动，反对"联俄""联共"

1924 年 6 月，廖仲恺等陪同孙中山在黄埔军校阅兵。

政策，造成思想意志极不统一。这种局势，严重地阻碍了三大政策的贯彻和落实，发展了的三民主义极难实现。这种局势必须扭转，方能使治军、救国收到成效。为了使军校学生能够按照这一方向健康地成长，他从多方面进行了努力。

首先，他在军校中非常尊重苏联为军校派来的顾问团，同他们真诚合作。为了建成一支以苏联红军为楷模的新型军队，廖仲恺积极支持军校从各个方面师法苏联，无论在教学计划的制订、各科教程的安排，还是在实际的教练方面，都充分注意汲取红军的成功经验。军校中除了正式课程，还经常举办各种讲演会，以求提高学员的政治思想觉悟和战斗意志。廖仲恺经常带头登台演讲，在演说中进一步阐述三民主义的主要内容，宣传创建军官学校的目的和要求，以及革命军人应具备的品德等。他特别强调军人要用主义武装头脑，为主义而战斗，并尖锐地指出：“如果军队只知道打仗，不知道行主义，并不知道主义是什么东西……一定要变成反革命的军队。"大力号召黄埔军校要以苏联为榜样，学习他们办军校的办法，"完全以主义为主干组织军队"，建设成真正的革命军。他对军校师生的所有演讲，"其主要目的总不离'以武力为民众的保障，进而为民众全有的武力'"。他的讲演，对培养革命军事干部和建立革命武装力量起了重要的作用。

其次，为了使军校按照正确的政治方向前进，廖仲恺非常注意发挥共产党人在军校建设中的作用。当时，中国共产党选派了一大批优秀党团员报考黄埔军校。在廖仲恺指导下，军校破天荒地创设了党代表和政治部，其中主要成员大都是共产党员。政治部主任起初是戴季陶，不久他离职出

1924 年 6 月 16 日，黄埔军校举行开学典礼。台上左起：军校党代表廖仲恺、校长蒋介石、孙中山、宋庆龄。

走。廖仲恺亲自迎请刚从法国归来的周恩来继任政治部主任。担任政治教官的共产党员，有萧楚女、安体诚、恽代英等。他还热情邀请毛泽东、刘少奇、邓中夏、苏兆征、吴玉章等许多知名的共产党人到军校演讲，加强对学生的政治教育。军校有三民主义、社会主义、帝国主义、苏联研究、各国革命史、工人运动、农民运动等26门政治课，其中相当大一部分课程由共产党员承担讲授。由于加强了革命的思想政治工作，使军校生机勃勃，充满了革命向上的精神。

最后，廖仲恺还非常注意引导学生支持、保护以及参加工农群众运动，他指示和鼓励军校学生帮助工团军、农团军做好训练工作，促使其都具有较好的思想基础和坚强的战斗力。廖仲恺还一直领导和扶植黄埔学生积极投身反对帝国主义与封建买办阶级的各项斗争，使黄埔军校在平定广州商团叛乱，东征陈炯明，讨平滇、桂军叛乱及省港大罢工斗争的革命风浪中，经受了血与火的锻炼和考验。在为国民革命事业奉献青春与热血的同时，军校队伍也在战斗中不断成长和壮大。

黄埔军校是中国历史上第一所革命军事学校，是共产党出力很多的国共合作的产物。廖仲恺为协助孙中山创建黄埔军校，如同协助孙中山制定三大政策、改组国民党一样，做到了殚精竭虑以期有成，倾注了大量心血，作出了杰出的贡献，深得军校学生的爱戴，当时一般学生都称他为"黄埔的慈母"。众多的事实证明，廖仲恺不仅是黄埔军校的主要缔造者之一，而且还是积极引领与大力扶助国民革命军在奋斗中不断发展壮大的杰出领导人。

黄埔军校的创设，为建立革命军队打下了基础。1924年9月，一支新型革命军队成立了，即黄埔军校教导团，名为第一团，12月又成立了第二团。以军校第一期毕业生为骨干，正式组织了革命军队，并逐步发展为国民革命军，成为统一广东和进行北伐战争的基本力量。

二、领导扑灭反动商团叛乱

国民党和共产党合作后，革命统一战线日益巩固与发展，广东的革命形势日益高涨，工农运动蓬勃发展。这一切，引起了国内外反动势力的不安和破坏。为了扑灭中国民主革命的烈火，帝国主义加紧了破坏活动，在广州组织了反革命商团叛乱。

广州商团，原是广州商民的自卫组织，成立于民国元年。到1919年，野心勃勃的英国汇丰银行买办陈廉伯接任商团团长后，利用帝国主义大量金钱、军火的援助，丧心病狂地策划从内部颠覆广东革命政府。广州商团已不是商民"自卫"的组织，而是蜕变成一支代表帝国主义和国内反动势力的反动武装。它有10个团共4000人，连同后备力量共6000余人。它的头子陈廉伯的一切行动，听命于港英政府。这个反革命别动队依靠英帝国主义和国民党右派势力，并和地主阶级的反动民团相勾结，组成了帝国主义、买办、地主阶级三位一体的反动联盟，阴谋在革命根据地广州发动叛乱，策划扼杀刚刚复苏的革命势力。

廖仲恺早已察觉到陈廉伯的险恶用心。他支持工人、农民建立自己的武装力量，也不反对商民为保卫商场而设立商团，但是对于陈廉伯之流利用商团来反对广东革命政府、反对工农运动，他认为不能听之任之，必须坚决给予打击。

商团与广东革命政府的直接冲突，发端于1924年5月。当时，广州市政厅财政局决定征收铺底等捐，商团坚决反对，并借此联络附近各县商团和乡团酝酿罢市。后经调停，政府取消捐税。但商团代表们却于5月28日在广州集议，名为"团务会议"，实则组织联防。会议决定成立联防总部，并推举陈廉伯、邓介石和陈恭受为总长和副长；还确定于8月中旬在广州举行"大联团开幕典礼"，大肆庆祝，以向广东革命政府示威。局势愈来愈险恶。当时重新兼任广东省省长的廖仲恺，一面大力支持组织工团军与农团军，发展工人运动和农民运动，一面公开揭露陈廉伯等人非法筹组商团联防总部的险恶用心，明令加以禁止。

然而，利令智昏的陈廉伯等人，仗着有帝国主义撑腰，对廖仲恺的警告置若罔闻。他们假用商团名义，派遣代表，秘密赴洛阳与吴佩孚相勾结，又借香港西文报纸大造舆论，明目张胆地宣称他们为法西斯蒂党，欲步意大利墨索里尼的后尘，通过暴乱推翻政府，自为督军，取消独立，与北洋政府实行统一。陈廉伯为了准备叛乱，实现这一罪恶意图，又以个人名义向香港南利洋行购置长短枪9841支，子弹338万发，利用悬挂挪威旗之丹麦商船"哈佛号"为掩护，潜运至广州。

廖仲恺一直密切注意陈廉伯一伙的动向。当为陈廉伯秘密运械的商船抵达广州码头时，即为工团军成员发现，随即经谭平山转告廖仲恺。廖仲恺主张坚决将这批军火扣留，孙中山于是下令粤海关扣留全部私运的枪械弹药。

8月10日，广东革命政府果断地扣留了这批非法偷运的枪弹，商团便以此为借口，于12日竟煽动2000多名团丁包围孙中山的大元帅府，索取枪弹。陈廉伯一方面与国民党右派、军阀暗中勾结，狼狈为奸；一方面胁迫商民罢市，大肆攻击孙中山主持的政府"赤化"、要"实行公夫公妻主义"，以煽动武装暴动。截至25日，广东全省包括广州在内已有100多个城镇陆续罢市。28日，英帝国主义派出军舰9艘集中白鹅潭，并将炮口指向中国军舰，进行恫吓；当晚，领事团向担任广东省省长的廖仲恺提出"警告"和"抗议"。英国驻广州总领事向大元帅府发出最后通牒，竟然蛮横地宣称"奉香港舰队司令之命，如遇中国当道有向城市开火时，英国海军即以全力对付之"。

围绕处理商团叛乱事件，革命阵营内部发生了严重的分歧。当商团发动罢市，胁迫革命政府发还枪械时，国民党右派在内部暗中配合，反对孙中山对商团采取的果断手段和强制商团复市的措施。他们以"调解人"自居，要求"和平审慎"，鼓吹"和平解决"。伍朝枢等还阻止工团军、农民自卫军的建立，不同意由群众组织或省署接管粮食贸易和罢市的商店。握有兵权的右派——滇军的范石生、廖行超和盘踞广州河南地区的李福林等，更直接同商团相勾结，同商团酝酿谈判条件，企图帮助商团军取得合法地位，向革命政府施加压力。在这关系广东革命政府生死存亡的紧要关头，廖仲恺与共产党人站在一起，他和中国共产党人在工农群众和革命军人的支持下，同国民党右派和军阀进行了激烈的斗争。

廖仲恺觉察到商团的突然集会、突然设立联防总部，目的是反对革命政府，所以在 8 月上旬就颁布训令，严禁商团成立联防总部。扣械翌日，廖仲恺又发布《省长公署布告》，斥责帝国主义者通过陈廉伯私运武器的错误，并严正指出：丹麦商船这一非法行为"实属蔑视我国，为国家威信，不能不将该轮扣留"。当商团聚众闹事后，孙中山和廖仲恺为了防止商团叛乱，从 12 日起，便陆续调派黄埔学生军和部分滇、桂、湘军进驻广州，以维持社会治安。廖仲恺不顾帝国主义的恫吓，提出要将陈廉伯私运的枪械全部没收，并颁发了通缉罪魁陈廉伯和陈恭受的命令，22 日又发出通电，揭露陈廉伯等的罪恶阴谋，要求驻广州各军协助查办，拿获归案。通电中指出：陈廉伯"勾结北方军阀，图谋内乱，实属罪大恶极，万难姑容"；陈恭受"纠匪谋乱，厥罪尤著，应予一并通缉，以遏乱萌"。同时，他于 8 月 21 日至 25 日的 5 天中，向广州市总商会及广东各县商会商团等团体连发 5 通电报，公布二陈罪状，告诫他们不要受其蛊惑，晓以大义，劝促他们协助政府讨平叛乱；还连续多次以省长名义发出布告，警告商团，若煽动罢市，将给予严厉制裁。当范石生等右派同商团在 29 日达成协议，用所谓调停条件向孙中山施加压力时，廖仲恺非常气愤，被迫向孙中山面辞省长职务，以表示自己的抗议。

早在商团叛迹初露时，中国共产党人就指出不可"姑息养奸"，后来又多次向孙中山提议排除国民党右派的干扰，对猖獗一时的商团给予迎头痛击。广大工农群众对商团的倒行逆施义愤填膺，积极支持孙中山，决心武装起来，同商团"决一死战"。广州工人代表会在通电中声讨了商团的累累罪行，表示"誓为政府之后盾"。廖仲恺领导的工人部直接指挥的工团军，进行了编制和训练；广州附近各属农会纷纷组织农民自卫军。广东农民运动讲习所的学员也建立了农民自卫军，警卫省长公署。革命政府掌握和影响的黄埔军校、粤军讲武学校、滇军干部学校和桂军军官学校这4所军校的2000多名学员，一致拥护政府扣留枪械，表示坚决支持政府对商团所采取的果断措施。特别是黄埔军校的学生军，自扣械事起，全体表决，拥护扣械，"并准备与商团作战"。

廖仲恺坚决主张对商团叛乱"彻底严办"。他不顾国民党右派和军阀的阻挠和破坏，和革命群众一起继续对商团进行不懈的斗争。他"领导着农军立在战线上，拥护革命政府肃清反动的资产阶级的武装"。他主张统一管理全市存粮，防止商团毁坏粮食；大力支持广州市民组织平粜委员会，准备接管粮食和罢市商店。他主持的省长公署，则准备"管理西关粮食"，以防止英帝国主义及其走狗——买办阶级利用市民的粮食问题，破坏对商团的镇压。

1924年10月10日下午，商团公然发动武装叛乱，袭击庆祝武昌起义13周年的游行队伍，惨杀游行群众20余人，打伤100多人，逮捕了很多工商群众，并封锁市区，实行罢市与戒严，张贴反动标语，公然叫嚣"打倒孙政府"，准备进一步发动大规模的武装叛乱。在广州革命政府面临生死存亡的关键时刻，孙中山在共产党人和群众的支持下，决心镇压叛乱。他在叛乱发生的第二天就成立了自兼会长的革命委员会，作为镇压反革命叛乱的权力机关，指派由国共两党要员廖仲恺、许崇智、蒋介石、陈友仁、谭平山等人担任全权委员，聘鲍罗廷为顾问。廖仲恺还兼任革命委员会秘书。他和共产党人一起，同国民党内部包庇商团叛乱的右派分子进行了针锋相对的斗争，"力持打倒商团"，全力支持孙中山对商团采取果断手段，立即投入了动员力量到镇压商团军叛乱的战斗中。

当孙中山于 11 日调警卫军及湘、粤军各一部从韶关连夜回师广州戡乱时，廖仲恺一方面接济回省的部队，一方面督促广州市公安局加强戒严工作。他对公安局的软弱无能非常气愤，严厉斥责该局局长吴铁城说："警察不能站岗，政府布告被撕掉，尚还有政府么？这样就是反革命行为。反革命分子就要用武力来对待。警察是干什么的？自己站岗的地方都不能保，要来何用？真是饭桶！"

15 日凌晨，广州，一场革命与反革命的决战开始了。蒋介石、廖仲恺督率的黄埔学生军，协同粤军张民达师、警卫军吴铁城部，以及工团军、农民自卫军等，兵分五路围攻商团军总部。疾风扫落叶，只经过 5 个小时的战斗，便把商团军全部歼灭，粉碎了英帝国主义妄图颠覆广东革命政府的阴谋。孙中山及其革命政府取得了平息商团叛乱的彻底胜利。

商团叛乱被镇压，解除了广东革命政府的一个"心腹之患"，打击了英帝国主义和军阀、右派势力，巩固了革命策源地，并为广东的统一创造了条件。

同反动商团的拼搏，给了廖仲恺以很深的教育。他看到，中国共产党及工农大众一直主张坚决镇压叛乱、解除商团武装，事实证明了他们是正确的。想在革命与反革命之间搞调和、谋妥协，实际上只是做了帝国主义与买办阶级的工具。廖仲恺经受了这一场严峻的考验，更加意气风发地投入到反对帝国主义、反对军阀、统一广东革命根据地的战斗中。

三、站在反帝反军阀斗争最前列

早在国民党第一次代表大会期间的 1924 年 1 月 29 日，廖仲恺就被孙中山委派担任大元帅大本营秘书长。国民党改组后，他被选为中央执行委员、常务委员、政治委员会委员和军事委员会委员，并先后兼任工人部部长、农民部部长和黄埔军校党代表；在政府工作中，除在 6 月担任广东省省长外，还先后兼任财政部部长、军需总监、广东省财政厅厅长、中央银行董事和广东筹饷总办等要职，成为国民党中央的核心人物之一。有一个时期，廖仲恺同时担任了 13 个重要职务，他的影响几乎扩展到广东革命政府的政治、军事、财政、工农运动等方面各个部门。因为工作任务繁重，他每天工作 12 至 17 个小时。他勤勤恳恳，任劳任怨，和共产党人一起，推动民主革命运动向前进。在共产党人的帮助下，通过实际斗争的锻炼，廖仲恺的思想发生了重大变化。他对中国的反帝反封建革命有了较为明确的认识，迅速地成长为坚定的国民党左派、"无产阶级的好朋友"。他不但对孙中山的三民主义纲领服膺到底，而且对它作了具体的阐述和发展。

廖仲恺在这之前虽然逐步意识到中国民穷财尽的根源在于政治不良，但对政治不良又是什么造成的认识还比较模糊，因而对中国社会的分析总抓不住要害，开出来的救济之方也往往是舍本逐末。例如他曾经大力提倡过铁路建设，也鼓吹过"钱币革命"，等等，认为这些是建设中国的关键。现在，他接受了中国共产党的民主革命纲领，认识到"帝国主义东渐，吾国沿江皆变为其势力繁殖之所在地，以致此数千年来过惯安定生活之中国人，一变而日处于飘风凄雨之中"，并明确指出帝国主义之侵略"实为万恶之源"。他认识到中国乱弱的根源在于军阀的压迫，而军阀以及依附于军阀的官僚政客之所以能在中国为非作歹、祸国殃民，是因为他们背后有帝国主义的支持。"军阀是一傀儡，列强帝国主义者在后拉线"。他明确指出："中国不乱，外国人无利益，这就是外国帝国主义压迫之明证。"乱源找到了，革命的方向也就明确了，他不再抓些枝枝节节，而是抓住要害，把矛头指向帝国主义。

此后，随着革命形势的发展，廖仲恺反帝的态度也越来越鲜明和坚决，认为"我们若要实现三民主义，要先打倒帝国主义才可达到目的"。他也看清了官僚、军阀是帝国主义在中国的代理人，明确认识到，官僚军阀与帝国主义是我们全国人民的公敌，革命的主要敌人是帝国主义和封建主义。因此他认为："在殖民地半殖民地的国民革命运动，对内要打倒官僚军阀及一切反动力量，对外要抵抗帝国主义者的重重压迫。"他明确指出："吾人其不欲解决吾人之痛苦及谋国家人民之丰富则已，否则必须与帝国资本主义者战！吾人其不欲打倒帝国资本主义则已，否则必先与国内军阀战！"廖仲恺在《中国实业的现状及产业落后的原因》《帝国主义侵略史谈》等演说中，特别是在《革命派与反革命派》这篇有代表性的论文中，充分表现了他反帝反封建的思想，明确打倒帝国主义与封建军阀是中国民主革命的首要任务。这是廖仲恺在政治思想上的一个飞跃，也是他政治上走向成熟的标志。

这些情况表明，随着革命形势的不断发展，在共产党人的帮助以及孙中山不断进步革命思想的影响下，廖仲恺1924年初的政治思想——特别是反对帝国主义的思想，已经提高到一个新的境界。他既跨越了自己过去的认识，又超出同时期其他革命民主主义者的观点，达到了当时民主革命家所能达到的较高水平。

正是由于廖仲恺对中国的反帝反封建革命有了较明确的认识，所以他反对帝国主义和军阀官僚的态度是非常坚定的。在1924年1月30日国民党第一次全国代表大会第十六次会议上，他就提出废除租界和治外法权等帝国主义侵略特权，认为"租界制度于二十世纪之今日尚任其存在于中国，实为中国人民族之耻辱"，主张租界应由中国收回管理，"外国人在中国领土内，应服从中华民国之法律"。此后，他在多次讲演中，用铁的事实揭露帝国主义侵略中国的罪行，指出帝国主义者之所以不惜远道用兵，"实有两种目的：第一，为谋永远撤去我海关之屏障，以任其予取予携；第二，为占领香港、强开通商口岸，以为其经济上侵略东南亚之根据地"。他说，自鸦片战争之后，中国"财库宝钥之海关沦为列强所共管"，结果是"我们中国无论何处，有水可行船的地方，便充满外国人的船"，中国沿海岸线的主权，已完全丧失；中国船业也遭到了很大损失。帝国主义者利用不平等条约，肆无忌惮地掠夺，使我国实业不能发达，永远处于民穷财尽的地位。廖仲恺大声疾呼：我国人民如果不力图振作起来，打倒帝国主义及其走狗——反动军阀和官僚政客，此后就要永远受压迫、受痛苦；"吾人如欲避免此压迫、此痛苦，非先收回海关不可。要收回海关，非先打倒国内军阀，唤起国民革命不可"。所以，"帝国主义，我们要打倒他，条约我们要推翻，我们才有翻身之日。否则被帝国主义侵略入了地狱，三民主义永不能实现了"。他号召人民聚集在三民主义的旗帜下，为打倒帝国主义而奋斗。廖仲恺在商团事件中，面对帝国主义的威胁，不畏强暴，力主镇压，表现出要和帝国主义斗争到底的决心。

四、执行三大政策的楷模

廖仲恺对于孙中山的"联俄、联共、扶助农工"三大革命政策服膺到底，是三大政策的积极拥护者和坚决执行者。国民党改组后，他毅然以推行三大政策为己任，至死不渝。

廖仲恺竭力促成并忠实执行孙中山的"联俄"政策。20多年的革命实践，使廖仲恺对孙中山提出的"中国革命，非以俄为师，断无成就"的论断深有同感。他认为，全世界只有俄国解决了社会制度问题，因此提出："中国在这时代，自己经济的基础这样薄弱，而所受国际经济的压迫这样深重，若能够有所树立，除非是建一社会主义的国家。"诚然，廖仲恺所说的社会主义，没有科学的蓝图，他要求的"人人有平等的机会，社会无偏枯之病"，只能说是激进的民主主义思想。但是，社会主义的前景毕竟刻进了他的头脑。也正因为有这样的思想，所以他才能把孙中山的"联俄"政策执行到底。

廖仲恺作为"联俄"政策的一位奠基者，在国民党"一大"会议以后，在坚持联俄政策方面，同样是非常认真与非常有力的。他高度评价列宁的革命精神，真诚接待苏联友人。1924年2月24日，廖仲恺在广州主持了中国国民党追悼列宁大会，并在会上发表演说，赞扬列宁是"打破帝国主义的实行家"，"他所做的事都是为被压迫民族奋斗，为无产阶级而奋斗"。他早已成为与鲍罗廷关系最为密切的国民党人，大会之后，他更加努力地支持鲍罗廷和以后来广州的其他苏联顾问开展工作。他亲切地接待苏联派到中国帮助中国革命的鲍罗廷顾问和加仑将军等国际友人，虚心地向他们学习，诚恳地与他们共事，认真解决他们在工作中和生活上的各种困难。特别是和鲍罗廷"交往甚密"。鲍罗廷担任国民党特别顾问这一要职，有一记载说是由于廖仲恺的举荐。苏联友人也把廖仲恺视为"志同道合"的知己，"乐与共事"。鲍罗廷夫人在称赞廖仲恺的真诚和热情时说："当我辈初抵广州时，觉百凡皆异，颇为困难……所幸得遇知己，数人志同道合，此数人中廖君乃其一。彼此意见相投，深信可以共患难安乐，以作吾辈之事于中国。余事务甚繁琐，偶遇疑难之事，余即以电话达廖君，无不妥办，数数然也。足见廖君忠诚可靠。犹忆去年（即1924年——引者）10月，我维罗士其船之海员，因患热症，遂以电船由黄埔载至长堤，顾初意本拟载往德国医院，惟时已夜半，乃电话达余，余即电话告廖君，君曰：'待我为之'。余乃归寝。翌晨，始知廖君于夜中亲往长堤，与医院接洽，勾当一切。诸如此类，不可胜数。故余等乐在此工作。凡余等有所请求，廖君必亲为之，鲜委下属，故我诸同志，均为所感，乐于共事。"（鲍罗廷夫人：《悼廖仲恺先生》，见《廖仲恺先生哀思录》第24页）廖仲恺从多年的实践中，已经痛切地认识到，帝国主义者决不会支持中国革命，他们所支持的，是袁世凯、督军团和各派军阀等反革命势力。

廖仲恺对于孙中山的"联共"政策坚信不疑，竭力贯彻。早在国民党"一大"会议准备和进行期间，廖仲恺就已和中国共产党人建立了以诚相待的合作关系。共产党员有理想，有朝气，思想犀利，生气蓬勃，给他留下了深刻的印象。中国国民党要获得新生，要向前发展，就必须信任和依靠这些加入国民党的、充满了活力的共产党人。这就是廖仲恺从几年来的实践中得出的结论，因此，他在国共合作后，坚决地同反对"联共"政策的国民党右派分子进行了不懈斗争。1924年6月1日，黄季陆、孙科（广州市党部执行委员）向国民党中央党部提案，要"裁制共产党"。18日，张继、谢持和邓泽如以国民党中央监察委员名义，特函国民党中央执行委员会，捏造事实"弹劾"共产党员和社会主义青年团员，并呈请孙中山予以严重处分。1924年，国民党中央监察委员会提交中央执行委员会的案件，见诸记载的10件内，就有4件是反对"联共"政策的。其中，有的竟纠集上百人，如谭达三等252人、邹德高等100人弹劾"联共"政策。围绕"联共"问题的斗争异常激烈。廖仲恺始终心坚志定，坚持这一政策的贯彻执行，绝不因右派分子的攻击和破坏而动摇。

廖仲恺不是共产主义者，当有人把他当作共产党员，国民党右派分子更大造谣言，说廖仲恺已经加入了共产党，要在广东实现共产主义。为了击破这些制造思想混乱的谣言，廖仲恺曾经在公开场合多次否认，并在1924年3月还专门发表过声明，也多次提出共产主义不适合当时中国国情的观点。但是，他认为共产党人是真正的革命者，坚信共产党人加入国民党是使国民党起死复兴，成为"一个新生命"的重要因素，明确指出"想要打倒帝国主义，非与共产党亲善不可"。因此，他一直支持中共党员在广东革命政府的党、政、军各机关中公开活动，真诚地和他们保持良好的合作关系，共同推行国民党第一次代表大会所决议的政纲。在组织国民党中央党部与各地执行部时，廖仲恺积极推荐和支持共产党员担任各部主要领导职务。在中执委首次全会上，孙中山原建议廖仲恺任组织部长，廖仲恺认为这一职务甚为重要，为充分吸取共产党人在加强党的建设方面的丰富经验，这一职务由共产党人担任更为适合，所以他转而推荐谭平山担任。他还支持林伯渠担任农民部长，支持共产党员杨匏安、冯菊坡、彭湃分别担任负责处理日常事务的组织部、工人部、农民部秘书；推荐共产党员施卜、罗绮园等担任工人部、农民部的干事；共产党员刘尔崧担任在廖仲恺主持下建立起来的广州工人代表会议主席。所有这些任命，廖仲恺都热情地给予支持，这样的人事安排，充分反映了廖仲恺奉行"联共"这一政策是多么认真与得力。

廖仲恺在担任国民党中央工人部长期间，凡关于开展工人运动的工作，都虚心听取共产党人的意见，"从没有表示过异议"，把领导工会的重要工作都交给工人部秘书、共产党员冯菊坡处理；把领导农民运动的工作交给农民部秘书、共产党员彭湃负责，并由彭湃担任国民党中央农民运动讲习所的主任。在黄埔军校任党代表时期，他亲自迎接从法国巴黎归国的周恩来到军校担任政治部主任，他们经常在一起研究问题，保持着真诚的合作关系。他对共产党高级领导人周恩来十分敬佩，称赞他为"共产党的大将"。

廖仲恺担任顾问的广东农民协会和省港罢工委员会的领导人中，包括

1924年11月7日，廖仲恺陪同孙中山出席广州各界庆祝俄国十月革命胜利7周年大会。

了邓中夏、苏兆征、李森、阮啸仙、周其鉴、杨殷等著名共产党人。作为工人部、农民部的特派员到各地从事工农运动工作的共产党人为数更多。廖仲恺不仅同这些与他有直接工作关系的共产党人友好共事，而且还同当时在广东工作过的共产党人经常联系，相互合作，建立了深厚的革命友谊。后来，何香凝追忆这段历史时说："当时在广东的，或到过广东的共产党员，有李大钊、彭湃、苏兆征、杨匏安、周恩来、蔡畅、邓颖超、林伯渠、吴玉章、聂荣臻、肖楚女、熊雄、熊锐等，毛主席也去过广州。仲恺始终和他们真诚合作。谭平山当时也是中共的负责人之一，他和仲恺关系是很密切的。"这充分说明，廖仲恺竭诚拥护并坚决执行孙中山的"联共"政策。他同共产党人这种真正的合作关系，成了第一次国内革命战争时期国共合作的典范。

通过"扶助农工"，动员与组织广大工农群众参加国民革命，是廖仲恺在中国国民党第一次全国代表大会后工作的中心。他在国民党人中，"是首先执行工农政策的一个人"，他"极力扶助工农运动的奋进，虽然经过很多的困难，受了很多的诬蔑，仍然行之不止。廖先生确实了解中国国民革命的进程及工农群众所占之位置。廖先生之所以伟大，廖先生之所以为国民党的模范党员，实即以此。"（刘少奇：《廖仲恺先生与工农运动》）

同孙中山一样，从多次失败的教训中，廖仲恺深切地体会到要战胜强大的帝国主义和军阀，没有广大人民群众，特别是农民的积极参与是不可能的。他在国民党改组前后，对工农阶级在国家中的地位以及工农群众运动的重要作用，有了比较正确的认识。他认识到"我国农工占全民十分之九，以这十分之九之大多数农工阶级，来做反帝国主义反军阀的中心势力，当得到胜利"。所以，他把国民革命重新解释为"以理想来结合群众——工农商学阶级——使他们自身去武装起来去扫除障碍"的革命。他还多次提到国家要维护农工商学的利益，多次强调"若要中国强，必须提高农工地位"，"挽救农工，即所以挽救中国"；并提出以对待工农的态度，来划分革命与反革命的界限。他说："占我国人口最多的是农工阶级，哪一派人替农工阶级打消压迫他们的力量，便是革命派。反而言之，凡与军阀帝国主义者妥协，并压抑农工的人们，便是反革命派。"这就清楚地说明，廖仲恺不仅认识到中国革命必须反帝反封建，并在一定程度上认识到工农阶级在中国革命中的重要作用；他是站在工农大众一边、坚决反对帝国主义和封建主义的。这是廖仲恺竭力支持"扶助农工"政策，并在推动工农运动发展方面做了许多有益工作的思想基础。

早在 1923 年 11 月国民党临时中央执委会上，廖仲恺第一个站出来全面支持鲍罗廷所提出的三项主张："政府应当立即颁布在广东农民中分配土地的法令"；"必须立即为工人制定社会法法令"；"必须马上向小资产阶级发出宣言式的法令，向他们明确指出从这些法令中得到的好处"。当时，陈炯明叛军正兵临广州城下，城内一夕数惊，连孙中山都在准备避难日本或苏联，鲍罗廷在廖仲恺召集的临时中央执委会与广州区党部委员联席会议上，介绍了苏联在同样危急的情况下克敌制胜的办法，指出广州政府致命的弱点，就是脱离广大农民、工人和其他民众。他率直地批评说：尽管国民党客观上是有革命性的，但至今它仍然"悬在空中"，而没有依靠某一个阶级或某些阶级。国民党失去了农民、工人这两大革命支柱，也未得到小资产阶级的积极支持，就是因为国民党没有做过实际帮助他们的事。为了动员成千上万的农民、工人开赴前线，打退反动派的进攻，鲍罗廷建议，立即制定与颁布三个法令，没收地主的土地，在农民中进行分配；在工厂中实行 8 小时工作日制度，规定最低限度的工资；给商人等小资产阶级以实际利益。他说，如果这样做了，那么，那些胆敢进攻广州的反动分子就会遇到国民党的三大支柱——农民、工人和小资产阶级的强有力的回击。廖仲恺当场把鲍罗廷的演说逐句从英语译成汉语，并热情地支持鲍罗廷的建议。在实际拟定和讨论这三个法令的草案时，出现了许多反对意见，廖仲恺愤怒地驳斥了右派制造的许多恶语谣言。从此，他更加明确了要达到国民革命的目的，必须唤起民众，把中国国民革命成功的支柱放在广大农民、工人和其他革命群众身上。

在担任了国民党中央第一任工人部长，兼任了国民党中央农民部长，还先后担任了广东省农民协会和省港罢工委员会的顾问，又成为国民党农民运动委员会领导成员以后，廖仲恺更加努力地发展工农群众运动。他主持革命政府对于农民运动第一次和第二次宣言，制定了农民协会和农民自卫军组织法，制定了工会组织条例；并分别以大元帅、国民党中央执行委员会或广东省省长的名义公布。这些文件，号召工人自己起来组织工会，农民自己起来组织农会，指出："此种农民协会之性质，为不受任何拘束完全独立之团体"，农会可以"在一定计划之下，组织农民自卫军"。这些文件，是中国历史上第一个保护农民协会、提倡农民自卫的政府法规，也是中国第一个承认工人有组织工会以及言论、出版和罢工自由的政府法规。这是中国工农运动史上的创举。廖仲恺还特别注意督促各级政府部门认真执行这些法令与条例。他除以广东省省长名义颁发命令，要各县行政官对派出从事农民运动的干部"应竭力援助"，还经常教育部属注意贯彻"扶助农工"政策。例如蔡鹤朋被委任为广宁县县长赴任时，廖仲恺就同他"谈过保护农民的话"，等等。

廖仲恺在贯彻"扶助农工"政策的工作中，尤其注意发动农民参加国民革命。他高度重视农民运动的作用，认为占中国人口最多的农民是中国革命的主要力量，指出"国民革命之主要分子为国民，国民中最多者莫如农民"，"故我国国民革命之成功与否，全在乎农民之了解革命与否一问题"。因而主张"吾人其不欲解决吾人之痛苦及谋国家人民之丰富则已，否则必须与帝国资本主义者战！吾人其不欲打退帝国资本主义者则已，否则必须先与国内军阀战！吾人其不欲打倒国内军阀则已，否则必先唤起全国国民，共图国民革命！吾人其不欲国民革命成功则已，否则必先去干农民运动！"廖仲恺提出必须使农民明白，革命运动的成败与他们的切身利益息息相关；而为了维护切身利益，取得自身的解放，农民必须充分地组织起来，武装起来。他"屡次对农民演说，均再三告许农民要自卫，并许政府可以廉价卖枪给农民自卫，于是才产生农军"。为了培养农民运动的干部，他大力支持建立广州农民运动讲习所，除派出国民党中央农民部秘书、共产党员彭湃担任该讲习所第一届主任，还亲自兼任了第一届和第二届的教员，多次到讲习所演讲和授课。他还不辞劳苦，多次到香山（今中山）、南海等县农村去访问农民，发动农民，推动农民运动。他随身携带行军床，晚上就宿在农民家中，了解农民的疾苦，同农民群众交朋友。1924年夏，廖仲恺偕同谭平山到香山县，出席1万多人参加的农民代表大会，讲解国民党关于农民的政纲。他们从广州乘船登岸后，拒绝乘坐县公署预备的轿子，"步行至该县党部，参与欢迎之工农友们，觉得这些国民党中央委员、省长们……充满了平民的精神，都讶为奇观。至先生（指廖仲恺——引者）亲找农民谈话时，更叹为得未曾有"。5月，他偕同罗绮园等去佛山南浦乡，参加农团军成立的开幕典礼，支持农民建立自卫的武装组织。7月，《农民协会章程》正式颁布后，廖仲恺又到香山县九区大黄圃，参加该地举行的有万余人参加的农民代表会议，向农民群众讲解组织农民团体，团结自救的道理。他对农民群众说：农民协会是你们农民的救生圈，"救苦救难的并不是观世音，就是农民协会！你们大家努力去团结起来，组织农民协会去吧！"他对各地农民协会的热情赞助和支持，促进了当时农民运动的发展。

同年11月，在中国共产党广东区委所属农民运动委员会负责人彭湃、周其鉴领导下，广宁县农民协会开展减租运动。地主劣绅们为了反抗减租运动，竟先后组织了"保产大会"和"业主维持会"，并组织民团武装强行收租，围攻农会，在农村中锁人、拉牛、烧屋、屠杀农民，气焰十分嚣张。廖仲恺得知后，坚决站在农民一边，并给予大力支援。他应彭湃的请求，派出以共产党员徐成章、廖乾五为领导的大元帅府铁甲车队一连前去镇压地主的暴行。稍后，考虑到铁甲车队力量比较薄弱，又命令驻防西江一带的粤军第三师派兵一营增援；并指定由廖乾五、彭湃和第三师师长郑润琦、广宁县县长蔡鹤朋等组成缉绥委员会，解决广宁的武装冲突事件。廖仲恺在他亲笔草拟的大元帅命令中明确指出："此次调兵，全在护卫农民，清除土劣，务使横霸乡曲，损人肥己者，绝迹销声，不为农害。"旋由于蔡鹤朋偏袒地主，污蔑农会；郑润琦表面中立，态度暧昧，廖仲恺又增派大元帅府卫士队携带大炮一门前往支援。后来，当他得到彭湃等关于卫士队长卢振柳同情地主的报告后，立即撤掉卢的职务，以廖乾五兼任卫士队党代表、谢星继代理卫士队长，并撤销缉绥委员会，重新任命彭湃、廖乾五和谢星继三人组成军事委员会，全权负责镇压广宁地主暴乱。由于廖仲恺的大力支援，广宁农民反对地主的武装斗争终于取得了胜利。

廖仲恺很注意接待农民群众来访。他告诫身边的工作人员说："今后如有学生及农民工人来问什么，你们应该详细向之解释。"当时的农民部秘书罗绮园回忆说："凡有农民来见他无不接见，农民请他做事他没有不马上做，绝不踌躇。我……每每因为农民的事，或在早晨，或在深夜，去见他请示办法，他不但坚决地、迅速地干了，并且还作详细理论的解释，毫无倦容。"

廖仲恺很重视工人运动。他把组织工会和工团军，视为工人阶级求得解放的极为重要和极为有效的手段，并亲自解决工人运动中的一些问题，以求统一广东的工会组织。1924年3月，他主持召开有近千人参加的国民党广东工人党员大会，作了《工人对于国家的责任及团体之利益》的演说，鼓励大家推进工人运动；5月，又主持了广东各界五一国际劳动节纪念大会和广州市工人代表会开幕式，并担任工人代表会的主席。他经常亲自过问工人运动中的各种问题，关心工人的疾苦，维护工人的利益。当时广东江门油业工会会员千余人参加五一游行，油业资本家、江门市商团第四分团团长李超借端寻衅，督率商团军数百人包围工会，杀伤工人数十人，造成严重的流血事件。廖仲恺闻讯，非常愤慨，即以工人代表会主席的身份领衔，同200位代表联名发出通电，谴责资本家和商团的反革命暴行，声援江门油业工人的斗争。通电指出，必须坚决抵抗"此万恶东行及蛮横商团"，决不能"任此横行，长为吾辈工人之大毒"，并提出"保护工人，成立工团军，以保工人行动之自由"，及"依法严惩江门油业东行及商团，以为惨杀劳工者戒"等项最低要求。7月，廖仲恺赞同和支持广州工人团体筹组工团军，并命令于8月下旬开始训练第一期工团军。他还参与广州工团军的领导，把工人武装——如同农民武装一样作为广东革命政府的依靠力量。此外，他亲自过问新会葵业工人遭受商团摧残的事件；对北洋军阀杀害武汉工人领袖杨德甫、逮捕张国焘等事件，表示抗议；等等。

但是，由于受小资产阶级社会主义学说的影响，廖仲恺的思想中还存在着一些不正确的观念。例如，他把工人的"识字问题"当作最迫切的问题，以为办了劳工学校，提高了工人的文化水平，工人群众就会得到解放。他说："全国国民十之九无受教育机会，知识当然落后，国何能强！若要中国强，必须提高农工地位，引导他们有政治知识，方有希望。"1924年3月，他在石井兵工厂附设的青年工人学校的多次讲演中，鼓励工人读书识字，鼓吹办工人消费合作社，指出"中国不用求圣人，要求工友们大家……一致去想一个方法来救国"，把加快解决工人们的读书问题，作为救国的重要途径。在当时，为争取工人阶级的政治解放，离开推翻反动的政治制度，片面强调提高工人的文化水平，这种看法当然是十分片面的。再如，廖仲恺虽然在一定程度上认识到工农阶级在中国革命中的重要作用，但对于群众的巨大力量，特别是对于工人阶级的领导地位还缺乏足够的认识，等等。

总之，廖仲恺为推动我国工农运动的发展作了极大的努力，立下了卓越的功勋。在他的热情关心与积极支持下，工会、农会如雨后春笋般产生，工人运动、农民运动、青年运动、妇女运动都蓬勃发展起来。廖仲恺在中国工农运动发展史上的地位是不可磨灭的。因此，他被中国共产党人和广大工农群众誉颂为"无产阶级的好朋友"。当时，周恩来就曾高度赞扬他在这方面的业绩，指出国民党改组之后，"最显著的革命势力，便是革命军的组织和工农群众之参加国民革命，这两种伟大事业的做成，多部分的功绩要属之于廖先生"。这一评价无疑是实事求是的。

也正是由于廖仲恺不懈的斗争，以及他在孙中山的领导下同共产党人密切合作，国民党呈现了前所未有的蓬勃生机。国民党队伍迅速扩大，组织逐步健全，和革命的工人、农民运动发生了直接联系，获得了革命胜利发展的坚实群众基础。由此，又有力地推动了黄埔军校和革命武装中坚力量的建立，推动了对广东省内反动势力的扫荡和广东革命根据地的巩固。

还应该特别提出的是，在"联俄、联共、扶助农工"三大革命政策的实践中，廖仲恺走出了旧时代的狭隘圈子，扩大了视野，提高了认识，把自己的思想发展到了一个新的境界。他不仅对反帝反封建的斗争全力以赴，更看到了中国政治上和经济上的症结所在，提出了努力建设一个"正式的'民主国家'"的口号。

在廖仲恺看来，"正式的'民主国家'"应该包含两层含义：第一，政治上要"把国家主权放在四万万同胞手上"，"使四万万同胞都有管理国家的义务，国家才可以发达，人民才可以安宁"。他断定，"一个国家任由一个人管理……一定弄到像历年君主国的崩坏情形一般"。这就是说尽管取消君主专制国家的形式，采用了别的什么形式，如果仍由"一人独行独断"，其结果与历代君主专制国家的崩坏并不会有什么两样。他进而认为，"中国之任由少数人来把持，自私自利，不顾群众幸福，到今天这样情形，这就是中国的乱源"。他所说的少数人把持，指的是剥削阶级的统治，只有私利，没有公心，所以它是"乱源"。廖仲恺认为他自己正在进行的斗争，就是要清除这个"乱源"。第二，经济上要有一个发达的经济基础，并应选择社会主义的发展前途，"依科学的组织用集合的方法，解决生产问题"。廖仲恺长期负责财政经济工作，他深深尝到了中国经济落后之苦，曾经感叹说，中国"这样大的地方"，资源丰富，却不能满足人民生活的最低要求，"种种天然与人生不相应的矛盾，都在国民的面孔上刻画出来"，这实在是捧着金饭碗讨饭，怎么也说不过去的！所以他向往着用蒸气、电气、水力来运转机器，以改变落后的生产方式。

当然，作为民主主义革命的政治活动家，廖仲恺的世界观与思想体系，同科学的社会主义是有差别的。他的一些观点，也不可避免地有这样那样的弱点和缺陷。例如，他对科学的社会主义，对工农在中国革命中的作用还不可能有充分的、正确的认识。他错误地认为各派社会主义"由理论上说来，各有颠扑不磨的精义"；认识不到在中国民主革命中，工人阶级是领导力量，农民是主力军；在谈到社会的阶级构成时，仍然保持着"先知先觉""后知后觉""不知不觉"的不正确说法等。从根本上讲，这都是历史条件的局限性所造成的，不可以因此而苛求前人。

第六章

继承孙中山遗志，为中国民主革命奋斗终生

为统一广东革命根据地而斗争

继承孙中山遗志，坚持反帝斗争

为民主革命事业洒尽最后一滴血

功业长存，精神不死

一、为统一广东革命根据地而斗争

当 1924 年中国革命开始高涨，广东呈现一派革命景象时，中国北方依然处在军阀混战的混乱中。9 月初，作为第二次直奉战争序幕的江浙战争爆发了，北洋军阀内部的矛盾日益尖锐。孙中山认为应抓住这个时机，彻底打倒北洋军阀，以谋国家统一。于是，决定组织北伐军，兴师北伐，讨伐曹锟、吴佩孚。9 月 12 日，他移大本营于韶关，亲自率领北伐部队，自广州出发开赴韶关前线。

同年 10 月，正当第二次直奉战争激烈进行的时候，直系将领冯玉祥竖起反直的旗帜，发动北京政变，导致直系军阀倒台。冯玉祥等受革命浪潮影响，把所辖部队改称国民军，表示拥护国民革命；同时电邀孙中山去北京，商讨和解决时局问题。孙中山认为当前"根本之图，尤在速谋统一，以从事建设。庶几分崩离析之局，得以收拾；长治久安之策，得以实施"。所以经过"权衡轻重"，决定接受冯玉祥等的邀请，冒着生命危险到北京去"共筹统一建设之方略"。

孙中山北上前，审慎地部署了他离粤以后广东革命政府的工作，在人事上做了安排，特别委廖仲恺以重任。孙中山确信"办党比无论何事都要重要"，他在 10 月底从韶关返回广州，召开了干部会议，命令廖仲恺复专任国民党中央执行委员会常务委员之职。11 月初，他命令胡汉民留守广州代行大元帅职权，命令谭延闿为北伐联军总司令负责军事工作，以维持广东当时的局面。而在 11 日这一天中，他对廖仲恺接连发出三个手令：一是任其为所有党军及各个军官学校和讲武堂的党代表；二是任其为大元帅大本营参议；三是委派其兼任国民党中央农民部部长。12 日，即北上前一天，又以大元帅名义任命廖仲恺为大元帅大本营参议。孙中山对廖仲恺完全信赖，认为他能够开创新局面，因之倚界至重，以望在廖仲恺的积极工作下，发展工农运动与革命军队。

怎样才能使工农运动与党军建设得到更加迅速的发展呢？廖仲恺认定，只能更紧密地同共产党人真诚合作，借助广大共产党员艰苦深入的实际工作才有可能。

当时，中共广东省区委为了直接掌握一支正规的革命武装，建议建立大元帅铁甲支队。这一建议得到了孙中山的首肯，也得到了廖仲恺的支持。11月，铁甲车队正式建立，全队136人，由共产党员徐成章、周士第、廖乾五分任正副队长与党代表。

广东的农民运动当时有所发展，但也不是一帆风顺。廖仲恺态度异常鲜明地支持农民协会和农民自卫军，曾派铁甲车队、卫士队协助农民自卫军联合消灭了地主反动武装，确保了减租运动的顺利进行。到1925年5月，广东全省已有22个县组织了农民协会，加入农民协会的达到21万人。广东工农运动的发展和革命武装的加强，大大巩固了广东革命地。

孙中山是在1924年11月13日离粤经上海、日本、天津去的北京。

1924年11月，廖仲恺陪同孙中山在韶关检阅北伐军。图中身穿西服者为廖仲恺。

他沿途宣传反帝反封建的革命主张，号召召开国民会议和废除不平等条约，受到人民群众的热烈欢迎，但由于积劳成疾，12 月 4 日到达天津时就卧病在床。除夕之日扶病入京后，他得知北京段祺瑞政府提出了召开军阀分赃的"善后会议"，主张"外崇国信"，尊重和帝国主义国家所签订的一切不平等条约等，这与他的反帝爱国主张完全背道而驰。对此，孙中山极为愤慨，便同段祺瑞集团展开了针锋相对的斗争。然而，他的病情却一天天沉重起来。

廖仲恺对孙中山有着深厚的革命情谊，一直忠心耿耿地为完成孙中山的革命理想而努力奋斗，还在孙中山北上前，他就对人说："总理的身体精神，现在不如从前了。大家应格外努力！对于党务须积极整理，对于革命工作须加紧推进，以期总理能够看到革命的成功。"1925 年 2 月初，廖仲恺得知孙中山的病情日趋沉重，非常担忧，特向北京发电致意，并要求入京侍病。孙中山接电后，立即复电阻止，说："广东不可一日无仲恺。"廖仲恺既不能北上，便对何香凝说："孙先生的病恐怕难治了，孙夫人很忙，我现在因党务、政事、军需又都不得脱身，第一次东征军事行动，都要我亲自料理，不如你到北京去帮忙一下吧。"何香凝本来就非常担心孙中山的病情，经廖仲恺这么一说，就匆匆整装兼程到北京去了。

孙中山离粤北上后，盘踞在东江一带的陈炯明便蠢蠢欲动。自 1922 年冬陈炯明从广州败退东江后，在帝国主义和北方军阀的支持下，依据潮州、汕头的财富和惠州的天险，一直和广东革命政府相对抗。孙中山虽曾数次督师征讨，但因所依靠的仍为其他军阀部队，所以始终没有结果。这时，陈炯明认为孙中山不在广东，正是其反扑的机会。他与英帝国主义及北洋军阀秘密勾结，外联闽、赣、湘诸省反动势力，内收东江南路土匪民团，并和在粤假革命的滇、桂军暗通声气，自称"救粤军总司令"，于 1925 年 1 月 26 日率部向虎门进犯，计划大举进攻广州，妄图一举颠覆革命政府。

这时，陈炯明不仅是广州的严重威胁，而且是革命前进的重大障碍。欲求巩固和统一广东革命根据地，就必须首先消灭陈炯明的军阀部队。危急之际，廖仲恺在广州召开了一次有各军主要将领参加的军事会议，讨论防御陈炯明进攻及实行东征计划问题。会议确定，廖仲恺、胡汉民、蒋介石等组成军事委员会，直属国民党中央委员会，掌握各军总指挥权。廖仲恺在会上特别强调在士兵和农民、工人中进行宣传鼓动工作。他在军事委员会议结束后，又经过多方面的努力，将谭延闿、陈潜的湘军，朱培德的滇军，许崇智的粤军吸引到政府方面。廖仲恺成为第一次东征的重要组织者。

　　1925 年 2 月 1 日，以黄埔军校教导团和广大学生及铁甲车队为主力，包括滇、桂、粤各军在内的第一次东征正式开始。一些苏联顾问帮助制订了作战计划。黄埔军校教导团及师生士气十分旺盛，特别能战斗，是东征的主力。各地农民纷纷起来帮助他们，主动承担侦察、引路等任务。农民自卫军还主动配合作战，海丰等地的敌人因此还没有打仗便败退了。当时，廖仲恺担任这支校军的党代表，积极领导和参加了讨伐陈炯明的战争。他于 2 月间还亲赴虎门一带巡视部队，并常和指挥官一起筹划作战计划和策略；3 月 5 日，又以大元帅大本营参议身份驰赴东江前线，慰劳前敌各军，鼓舞战士奋勇杀敌。在当地农民群众的有力支持下，东征军连克石龙、西莞、淡水、普宁等地，3 月 7 日又占领了潮安和汕头。

　　正在东征军节节胜利，不断向前推进的时候，孙中山因癌症于 1925 年 3 月 12 日在北京与世长辞。

　　孙中山逝世的消息传到广东时，廖仲恺正在棉湖前线指挥东征军作战。他惊闻噩耗，极为悲痛，于 3 月 22 日和胡汉民、蒋介石、许崇智、谭延闿联名发表通电，声明"谨遵总理遗志，继续努力革命"。从此，廖仲恺为完成孙中山的未竟事业，忠实地执行其遗言，更积极地为贯彻三大政策而斗争。

首先，廖仲恺积极领导完成讨伐陈炯明的战争。在他的领导和亲自参加下，东征军3月底彻底打垮了陈炯明部队的主力。这一次，革命军以极其有限的兵力击溃了在数量上占优势的敌人，明显地表现出国民党和共产党紧密合作所产生的巨大力量，这一胜利也是奉行"联俄、联共、扶助农工"三大革命政策的胜利。东征刚结束，廖仲恺在4月6日便主持召开了国民党中央执行委员会第七十三次会议，通过他所提出的建立党军案；随即以黄埔军校教导第一、二团为基础，正式建立了一支国民党党军，廖仲恺被任命为党代表。之后，廖仲恺赴东江汕头一带视察，了解部队情况，鼓舞士气。他还多次对革命军和黄埔军校师生讲演。在《对教导团全体官兵演说》和《对黄埔军校第三期入伍生训话》中，他号召革命军人化悲痛为力量，努力消灭封建军阀，完成国民革命，为实行孙中山的遗志而奋斗。

其次，他积极参加、领导了平息滇、桂系军阀杨希闵、刘震寰叛乱的战斗。当时，在广东，除去粤系军阀陈炯明，还存在着各霸一方的滇、桂军阀杨希闵和刘震寰。原来，杨、刘二部自1922年由梧州东下驱逐陈炯明于广州以来，一直在广东驻扎。他们把持了全省财政，对广东革命政府始终若即若离。商团事件发生时，他们庇护商团；东征开始后，他们又按兵不动，与陈炯明叛军暗相勾结。当孙中山1925年3月12日逝世于北京时，身在云南的军阀唐继尧以为有机可乘，突然于3月18日宣布就任副元帅职，企图以此循例继承大元帅。为此，他又派兵入桂，谋寇广州。杨、刘在广州开烟馆、设赌场，把持税收，欺压人民，无恶不作。他们乘着革命军主力俱已东征，广州城内兵力空虚，外有唐继尧和北洋军阀援助，机会难得，竟策划发动叛乱。

这年的5月下旬，杨、刘在香港和英帝国主义代表及段祺瑞政府的代表密谋后，于6月3日发动叛乱，占领了广东电报局、车站、省长公署、财政部等处，形势异常紧张。

1925年3月，廖仲恺在汕头参加追悼孙中山大会时留影。

　　廖仲恺在苏联顾问加伦的支持下，力主运用武力镇压叛乱。为此，廖仲恺与蒋介石偕同加伦专程赶到汕头，同许崇智等举行军事会议，决定调回东征军镇压叛乱。廖仲恺废寝忘食地参加了这场关系革命政权存亡的战争，参与军事决策，同蒋介石、谭延闿等多次商议解决滇桂军阀的办法；一再奔走于汕头、广州间，调动部队，部署战事。6月上旬，他还以工人部长的身份，策动广九、广三、粤汉铁路及两河近海船舶员工同时罢工，以断绝对刘震寰、杨希闵部队之调动，又动员各地农民协会、农民自卫军用参战、运输、断绝敌人后路、收缴敌人枪械等方式支持革命军。由于革命军的英勇作战和广大工农群众的支持，6月12日便完全收复了广州，平息了叛乱，巩固了广东革命根据地，杨、刘等都逃亡香港。

　　黄埔军校师生讲述廖仲恺当时的活动情况说："我们又亲眼看见，为了东江战争，每天做十几点钟的工作，还要穿着草鞋，领导我们去打仗；

杨、刘作战的时候，夜里二时以后，单独一个人还要由黄埔回到广州去办事。"苏联代表、特别顾问鲍罗廷赞扬廖仲恺为革命做了很多实际工作，却不愿居于领导地位，他叹息说：像廖仲恺"这样得力而实干的人，可惜太少了！"

杨、刘叛乱的平定，使广东革命政府的地位进一步稳定。为了在这一基础上，从政治上、军事上、财政上完成广东革命根据地的统一，在廖仲恺等的努力推动下，6月14日，廖仲恺和汪精卫、胡汉民、鲍罗廷等举行会议，决定将海陆军大元帅大本营改组为国民政府，采取委员会领导的合议体制，设内政、外交、财政、教育、建设、商务、农工、军事、关税各部。会议并同意将财政、民政、交通机关一律交中央政府统一管理，并定出具体措施，严令各军各机关遵照执行；废除滇、湘、粤、豫等军名称，所有军队一律改称国民革命军。7月1日，国民政府正式宣告成立于广州，廖仲恺担任了政府财政部部长兼广东省财政厅厅长，他还与蒋介石同是国民政府军事委员会的常务委员。

从平定商团叛乱开始，经过多次同敌人搏斗，反动势力受到致命打击，广东革命根据地得到空前巩固，政治上、军事上和财政上也得到了统一。廖仲恺心中充满了斗争胜利的喜悦，他的革命精神更加振奋，斗志格外昂扬。从此，他更加忘我地勤奋工作，决心继续沿着国民党"一大"宣言所指明的正确道路坚定不移地走下去，继承孙中山的遗志，以完成孙中山的未竟事业。

二、继承孙中山遗志，坚持反帝斗争

孙中山逝世后，中外反革命势力认为是分裂瓦解革命力量的最好时机。原来受孙中山震慑的国民党右派又放肆起来，右派组织纷纷出笼，如北京的"国民党同志俱乐部"、上海的"辛亥同志俱乐部"、广东的"孙文主义学会"等。它们一致鼓噪反对三大政策，反对坚持革命的国民党左派。当时还在领导集团内的右派头目则与之呼应配合。他们打着国民党的旗号，利用在国民党中央和广东各地窃据的党政军部分权力，操纵一些军队和地方武装，破坏工农群众组织，随意捕杀工农群众和工农运动干部。国民党右派的猖獗，助长了帝国主义和北洋军阀妄图扼杀中国革命的野心。在南方，英帝国主义资助已被打败的陈炯明，使他死灰复燃，窃踞汕头。在北方，安福系军阀官僚打起了如意算盘："孙氏既死，彼国民党内者，鉴于由来之经过，即终不免于分裂，然国民党中之稳健派，此时有与吾人握手提携之可能矣。"岂止"可能"而已，事实上，掌握实权的国民党中央执行委员里的一些人，已经同北洋军阀"携手"，并和帝国主义勾结起来，正在密谋发动武装叛乱，妄图乘机颠覆广东革命政府。

在这艰难危急的时刻，廖仲恺挺身而出，号召国民党人继承孙中山的"未竟之志"，发扬他的革命精神，贯彻三大政策，把反帝反封建的国民革命进行到底。

如上节所述，廖仲恺亲自参与筹划平息军阀陈炯明、杨希闵、刘震寰叛乱的军事行动，取得了很大胜利。5月间，他在《革命周刊》第一期发表了《革命派与反革命派》一文，旗帜鲜明地提出"革反革命派命"的号召，反击国民党右派破坏革命的罪恶行径。在这篇重要文章中，他分析了国民党内部产生革命派与反革命派的必然性，指出这两派的对立和斗争，不是什么"妙想的玄谈"，而是一条客观规律。殖民地半殖民地的国民革命，对内要打倒军阀官僚，对外要抵抗帝国主义者的重重压迫。但是国内的反动势力与帝国主义因利害的一致，常常互相勾结。所以在殖民地半殖民地的国民革命运动中必然出现革命派与反革命派。反革命派为打倒革命派的势力而结成联合战线，"是国民革命进行中必不能免的病症"，是"社会科学的律令"。他还明确指出，革命派与反革命派势力的消长是国民革命成败的关键。他彻底揭露反革命派以"稳健"自居，来反对孙中山的新发展的三民主义，背叛孙中山遗言的阴谋，指出他们是"一面利用现成的恶势力以遂其分赃的阴谋；一面利用人民脆弱的心理以稳健自称，以维持现状来相号召"，从而达到取消革命，使中国继续沉沦在半封建半殖民地的深渊。他还针对当时北方的官僚军阀把国民党分为稳健派和激烈派，来分裂革命阵营，"以遂其勾结排挤的阴谋"，给予一针见血的揭露，指出"实在他们口中的稳健派就是反革命派"。他进一步指出，革命派不是金字招牌，永远不变；看一个人是否属于革命派要看他的实践。革命队伍内的反革命派往往以伪装出现，以假象骗人，他们"自诩为老革命党，摆出革命的老招牌"，实际上却"勾结官僚军阀与帝国主义者，及极力压抑占我国最大多数的农工界"。对于这些人，他主张断然揭露他们的假面目，要知道"革命派不是一个虚名，那（哪）个人无论从前于何时、何地，立过何种功绩，苟一时不续行革命，便不是革命派。反而言之，何时有反革命的行动，便立即变为反革命派"。他还直率地指出，"如陈炯明的反动与冯自由之捣乱"，就是反革命派。在这里，廖仲恺毫不含糊地把国民党右派同反革命派等同起来，揭穿了国民党右派的本质，使他们不能再用国民党这块招牌来欺骗群众，破坏革命。他表示必须同国民党右派斗争到底，"我们不独要革军阀与帝国主义者的命，我们并且要革'反革命派'的命，这才是彻底的革命工作"。

《革命派与反革命派》这篇文章，反映了廖仲恺彻底的民主革命精神，揭露了国民党右派的反革命面目，表达了国民党左派在孙中山逝世后继续革命的意志和决心。它对动员群众擦亮眼睛、提高警惕、团结战斗，起了积极的作用。

廖仲恺从理论上揭露和批判国民党右派的同时，在实际革命工作中也同他们展开了尖锐的斗争。他亲自处理国民党右派破坏工农运动的事件，支持工农群众反击国民党右派的斗争。

当时，国民党右派畏惧和仇恨工农运动的蓬勃开展，伙同军阀官僚、土豪劣绅群起攻击农民协会和农民自卫军，并通过一些地方的行政官和驻军捕杀农会干部和农会会员，破坏工农运动。廖仲恺从广宁县农民协会的报告中，得知从前他曾教育过的该县县长蔡鹤朋阻挠减租运动，非常生气，"亲叫县长到农民部，责骂其违背党纲，压迫农民，并直斥其为升官发财之贪官污吏"。他十分严肃地对蔡鹤朋说："你究竟是拿谁的薪水，吃谁的饭？你拿政府给你的薪水，吃农民的饭，却无视政府的政策，不支持农民，反而去调停农民的斗争了"，"人家说县长是农民的父母官，你不去保护农民，却去调停农民的减租运动。你已经失去当县长的资格，回家去吧！"并真的撤了蔡鹤朋的县长职务。廖仲恺到东莞、宝安一带巡视时，发现当地驻军第一师竟随意拘捕农民、摧残农会，便当面批评了该师师长林树巍，责令他释放所有被捕农民。他得到番禺县夏园农民协会的干部报告说，徐基、李松兴、何炳荣3名会员遭该县驻军中央直辖第三军王天任部无故逮捕，扬言将予杀害。他当即派干部前往调查，当查明情况属实而军队拒不放人时，便亲笔写信给王天任，限令3日内放人，指出："本部为保护农民计，必不任令徐、李、何三人久受不法军队之鱼肉"，告诫他"决不许其蛮横至此"。王天任不得不将被捕的农民释放。广州市郊区第一区农民协会执行委员长林宝宸，1924年12月因反对地主武装联团局加捐田亩谷剥削农民，遭到联团局杀害。廖仲恺闻讯，即通过省长胡汉民将联团局局长彭础立、副局长苏春荣扣押，并查封了联团局，"以为白昼任意杀人，阻碍农民运动者戒"。彭础立曾经担任过广州市商会会长，与廖仲恺有亲戚关系（妹夫的妹夫），廖的妹妹便常常向他痛哭求情。廖仲恺坚持原则，不徇私情，他对农民部秘书罗绮园说："这有什么法呢？他（指彭础立——引者）答应第一区农民协会所提出的条件就算了，不然，我也没办法。"

廖仲恺坚定不移地支持工人反对帝国主义的斗争。早在 1924 年夏，广州沙面工人因反对英、法领事诬蔑中国人投掷炸弹，并以此借口颁布限制中国工人出入沙面的"新警律"而举行的罢工斗争中，廖仲恺就一方面致函英、法驻中国领事，严词驳斥帝国主义者的阴谋诡计，抗议侵犯中国主权的罪行；一方面采取各种支援措施，保证工人罢工坚持下去，最后，迫使帝国主义者取消了"新警律"，使这次斗争取得了胜利。

正当廖仲恺忙于讨伐杨、刘时，帝国主义在上海一手制造了震动全国的"五卅惨案"。6 月 1 日，上海工人总罢工，学生总罢课，商人总罢市，掀起了轰轰烈烈的反帝怒潮。接着，香港各行业工人相继罢工。广州沙面租界的中国工人也举行了罢工。6 月 23 日，广州各界和从香港返回广州的罢工工人共 10 万人，举行援助沪案示威运动大会。下午，当游行队伍路过沙面对岸的沙基时，英帝国主义命令水兵和租界巡捕用机枪向游行队伍扫射，制造了比"五卅惨案"更为严重的沙基惨案。帝国主义的暴行激怒了中国人民，举世罕见的省港大罢工于是正式揭幕。

廖仲恺积极投入这场斗争，尽其力之所及，支持罢工斗争，成为一名深得人民尊敬与拥护的反帝先锋。

"五卅惨案"的消息传到广州，廖仲恺认为惨案的发生是中国人民的奇耻大辱，立即催促国民党中央以中国国民党名义，发表对"五卅"事件的宣言，痛斥帝国主义的暴行。1925 年 6 月中旬省港罢工发生后，廖仲恺热情支持这一伟大的反帝斗争，为罢工的坚持和发展做了许多有益的工作。罢工开始，他就担任广东群众性反帝斗争组织"广东各界对外协会"主席。这一组织，由 120 多个群众团体联合组成，具有广泛的代表性。6 月 23 日，他又亲自主持了广州工、农、商、学、兵群众和香港罢工工人共 10 万人参加的反帝集会和示威游行。廖仲恺在大会上还宣读了国民党中央执行委员会告全国人民书，强调帝国主义暴行所以得逞于中国，是由于帝国主义对于中国有种种不平等条约以为凭借，提出当前中国民族解放运动以取消不平等条约为反抗帝国主义一切行动的中心。他的鲜明态度，使与会者受到很大鼓舞。

廖仲恺在沙基惨案发生后，领导各界对外协会作出对香港实行经济封锁的决议，并明确提出这场斗争"以废除不平等条约为唯一目的"，号召人民将反帝斗争进行到底。当时他"真是可以说是废寝忘餐了，每天清晨就出去，很晚才回家来，常常在半夜还要起床，为省港罢工委员会交涉事情或筹募款项"。他担任了罢工委员会的顾问，和领导这次罢工的共产党人苏兆征、邓中夏等一起研究情况，制定策略，维护工人的权益，抵制敌人的破坏，竭力赞助和支援罢工工人的正义斗争。他常常出席罢工委员会会议和罢工工人代表大会，在对工人的讲演中，反复强调罢工斗争的目的和伟大意义，他说："这次罢工的目的，是为国家谋自由与独立，争国家的地位，和争民族的人格"，也就是要打倒帝国主义，"取消一切不平等条约，为国家政治上、经济上谋独立"。因此，廖仲恺称赞此次罢工斗争的重要，"比倒清、倒袁、倒段、倒曹、倒吴什么都大"。所以，"如果罢工失败，即是一个民族、一个国家的失败；如果能够成功，不只是工人和商人某一部分的胜利，而是全民族的胜利"。又说："在政府方面，尽力为全民而争，在党方面，也出尽能力而争。所望全体工友一致奋斗！"他高度赞扬罢工工人坚强不屈、英勇斗争的革命精神，指出他们"为国家为民族，不顾一切而奋斗。比士兵去打仗，尤为难能可贵"。这"实足为工人胜利的证据"。他号召罢工工人要"联合工农兵为一气"，团结起来，共同去进行反对帝国主义的斗争。他说历次扑灭反革命势力的胜利，都是由于工农兵的结合，反抗帝国主义更加要靠工农兵的联合斗争。他认为，"只靠兵士去打仗，很难得到胜利，惟有工农兵的大联合，始可达到成功"。

在讲演时，廖仲恺极为诚挚和热情，因此赢得了广大听众的拥护和支持，收到了很大的效果。

廖仲恺还为解决罢工工人所遇到的种种实际困难，不辞辛劳，到处奔走。当时回到广州的香港罢工工人有近20万人之多，吃饭、住宿都存在很大的困难。这些问题不及时、妥善地解决，将直接影响到这次大罢工的坚持和发展。廖仲恺及时采取措施，他以国民党中央工人部的名义，通过国民政府下令封闭长堤一带烟赌、烟馆、空屋，并利用停业酒楼及祠堂、会馆的房屋作为罢工工人的住宿之用。还从广州财政经费中调拨出一些专款作为工人的生活费用，还安排了免费食堂等，解决了罢工工人们的食宿问题，从而使他们无后顾之忧，集中力量同英帝国主义作斗争。他还考虑到罢工的长期性，积极设法解决罢工工人的就业问题，责令广东商业厅、建设厅等单位，设法安排返省罢工工人参加生产建设，并举办劳动学院、工人宣传学校，加强对罢工工人的政治和文化教育。

同年7月3日，在中国共产党的领导下，成立了以共产党员苏兆征为委员长的省港罢工委员会。这是省港双方罢工工人向帝国主义进行斗争的最高指挥机关。廖仲恺非常高兴地接受聘请，和共产党员邓中夏等一道担任省港罢工委员会的顾问。他大力称赞此次罢工斗争，对于反帝大罢工表现了从未有过的政治热情。并且通过"五卅"运动以来的反帝斗争浪潮，和中国共产党在这一伟大斗争中对于帝国主义侵略中国罪行的深刻揭露，使廖仲恺对于帝国主义的侵略本质和进行反帝斗争的伟大意义有了新的认识。他明确提出："我国之贫弱，实业之不发达，实是由帝国主义的侵略的缘故"，"我们若要实现三民主义，要先打倒帝国主义，才可以达到目的"。

综上所述，可以充分证明，廖仲恺和省港罢工的广大工人风雨同舟、患难与共，始终是站在反对帝国主义伟大斗争的前列，表现了他政治上不断追求、不断前进的革命精神。尽管廖仲恺没有亲眼看到罢工的胜利，但已为此作出了不可磨灭的贡献。邓中夏在以后写的《呜呼！廖仲恺之死》中对他作了很高的评价：廖仲恺等国民党"左派在罢工的头半年的确是热情拥护的"，"假若当时不取得国民党帮助，的确罢工不到一个星期便要倒台"。还指出：廖仲恺"是一个真正的国民革命者，是真能遵从孙中山先生反对帝国主义到底，以及拥护工农群众利益的国民革命者"。林伯渠在1955年廖仲恺逝世30周年纪念大会上说："著名的省港大罢工得以维持下去，在广东各地普遍建立了农民协会和农民自卫军，这都是和廖仲恺先生坚决执行革命三大政策有密切关系的。"

三、为民主革命事业洒尽最后一滴血

孙中山1925年3月逝世后，国民党内左、中、右三派之间的矛盾与冲突日渐加剧，并迅速公开化，广州正处于所谓多事之秋。当时，国民党面临着一大堆严峻问题，被置于有多种走向、多种发展可能性的岔路口，历史走进了敏感的、躁动不安的时段。面对如此严峻的形势，廖仲恺以大无畏气概迎接着扑面而来的滚滚恶浪。

早在孙中山离粤北上时，胡汉民以大本营秘书长身份代理大元帅。但是，他除了在为数甚少的所谓元老派中有点影响外，对国民党中央党部、党军和其他各军，都没有号召力。即使在大本营中，也很少有人真正承认胡汉民的代帅权力与地位。胡汉民为了夺取广州实权，利用孙中山北上无人监督的机会，操纵广州市长选举，企图将他的堂弟胡毅生捧上广州市长宝座。为达目的，大本营法治委员会古应芬制定了一个市长选举条例，将市郊20多万农民和许多市民都摒斥于选举之外，最后只让他们所控制的1万名黄色工会会员、右派学生和500名商人参加了选举。胡毅生在初选中果然获胜。胡汉民的这一做法引起了各界的愤怒，孙中山闻讯非常气恼，电令廖仲恺等查办。胡汉民偷鸡不着蚀把米，非常懊恼。他一面攻击廖仲恺做了农民部部长便为农民争选举权，一面不得不将市长复选的事暂停下来。对于孙中山的"重廖远胡"，他当然"更不快意"。

当时，国民党右派一直想让胡汉民转为正式大元帅。廖仲恺深知，胡汉民对三大政策口是心非，在平定商团叛乱，东征和讨伐杨、刘的战斗中一直畏首畏尾，不能承担起领导国民党与国民革命继续前进、实现孙中山遗愿的重任。因此，他热烈拥护中国共产党提出的由"个人指导"转向由"指导体"集体指导的建议，从而促使国民政府所遵循的方针，由中国国民党中央委员会决定。围绕着政治权利而进行的这场斗争，以国民党左派的胜利和右派的失败而告一段落。右派对他们的失败当然不甘心，而廖仲恺因此也就被他们视为最重要的政敌。

孙中山逝世后，廖仲恺化悲痛为力量，他的"革命精神比较从前还猛进百倍"。经他努力筹划，使党军东征，最后以 2000 余名没有受过长期训练的军队，肃清了数万盘踞潮、汕的贼军；后来，又歼灭了杨、刘的势力。尤其在国民政府成立以后，他一身兼任 10 多个党政要职，力谋实现财政统一、军政统一、民政统一，坚决支持省港大罢工反对帝国主义的斗争，坚决支持广大农民反对地主豪绅、要求减租和实现"耕者有其田"的斗争。这样，他自然就成为帝国主义、地主豪绅、骄兵悍将、官僚政客进行反革命活动的极大阻碍；在国民党右派眼中，他也就成了一个最为危险的人物。

正是廖仲恺不屈不挠地贯彻三大政策，积极推行各种革命措施，对于国民党右派、封建军阀以及帝国主义极其不利，中外反动派无不将他恨得咬牙切齿，将他看成他们在国民党内肆行反革命阴谋的最大障碍，视为眼中钉，必欲置之于死地而后快。

1925 年 5 月间，反革命分子就在广东大造革命政府"赤化""共产"的谣言。帝国主义者立即在香港呼应，策划"驱逐广州及广东的布尔什维克"。7 月初，国民党右派分子邹鲁、孙科、伍朝枢、邓泽如、吴铁城、胡毅生、林直勉等在胡汉民家里连续聚会。他们集中攻击廖仲恺，污蔑他"被人利用，祸害国民党""赤化""过激""挑拨各方恶感"。他们散布种种谣言，秘密策划反革命军事政变，企图搞垮廖仲恺，全盘否定三大政策。

从 7 月初开始，国民党右派的一批主要头目就经常聚集在胡汉民家中秘密开会。他们还在广州南堤组织了一个名为"文华堂"的俱乐部，以胡毅生为首，以"反共产"为口号，收罗一批失意军人、无聊政客和反革命打手，秘密布置，利用廖仲恺每天必去东山百子路与鲍罗廷、加仑等会面的机会，派人在那里用炸弹或机枪对廖狙击。据参与密谋的林直勉供称，当时在香港筹备了 200 万元的专门基金，供暗杀廖仲恺等人之用。

廖仲恺遇害前两个星期，社会上就有不少谣传，例如，某人对某人如何不满，某派对某派如何批评，某某人等已被列名于杀害之列，等等。谣诼四起，风雨满城。他遇害前几天，已经流传着右派要杀害他的消息。一时廖仲恺周围阴云密布，压力一天大似一天。但是他巍然屹立，英勇无畏，继续孜孜不倦地做他担负的各项工作。当他听说敌人要用手机枪杀害他时，他一笑置之，并对人戏言："暗杀用手枪炸弹是常听见的，若是用手机关枪，却新鲜得很！"何香凝对他说："既然有人阴谋行刺，你也该多加两个卫兵防备一下才是。"他很不以为然，回答："增加卫兵，只好捉拿刺客，并不能阻挡他们行凶。我是天天到工会、农会、学生会等团体去开会或演说的，而且一天到晚要跑几个地方，他们要想谋杀我，很可以假扮着工人、农民或学生模样，混入群众中间下手的。我生平为人作事，凭良心，自问没有对不起党、对不起国家、对不起民众的地方。中国如果不联俄、联共，就没有出路。总之，生死由他去，革命我总是不能松懈一步的。"当时何香凝颇以为虑，要与廖仲恺共拍一照，廖说："为国为党而牺牲，是革命家的素愿，何事顾忌！"遇害前两天，在国民政府的一次会议席上，廖仲恺曾接到坐在自己旁边的汪精卫所写的一张条子，告诉他说听到有人将对他不利，请他注意。廖仲恺当时耸耸肩笑了，回答道："我们都是预备随时死的，那有什么关系！"甚至到遇害前一天，又有人以右派要杀害廖仲恺的确切消息报告，他复慨然说："际兹党国多难之秋，个人生死早置度外，所终日不能忘怀者，唯罢工运动及统一广东运动两问题尚未解决！"

廖仲恺在死亡的威胁面前，非但没有动摇，反而决心以十二分的努力来推进反帝反封建的革命运动，以实现孙中山的遗愿。

1925年8月19日晚，廖仲恺为了给黄埔军校筹集经费工作到深夜，回到家已经很晚了。第二天（20日）上午8时，他偕同将去中央妇女部工作的何香凝自东山寓所驱车赴中央党部（原惠州会馆旧址，今越秀南路93号）参加国民党中央执行委员会第一〇六次会议；途中遇着国民政府监察委员陈秋霖，便载之同车而行。当汽车开到平时警卫森严的中央党部大门前，他和陈秋霖先下车，在门前登至第三级石阶时，突然自骑楼下跳出两个暴徒，向他开枪射击；大门铁栅内也有多名暴徒同时发枪，共射20余发。他身中四弹，俱中要害，当场仰面倒地，不能作声。同行的陈秋霖也被射中一枪，带伤避入宣传部办公室。此时随行的卫士闻声赶来，举枪向凶手追击，射中其中一人，余均夺路而逃。以后，何香凝等把他和陈秋霖架上汽车，送往东门外百子路公医院抢救。廖仲恺因伤及要害，已口不能语，途中即与世长辞，为民主革命流尽最后一滴血，终年48岁。陈秋霖也在两天后不治身亡。

廖仲恺的牺牲，距孙中山逝世只有5个月。他的牺牲，是国民党和国民革命运动的重大损失，也是中国革命和工农群众的重大损失。消息传出，全国人民深切哀悼，工农群众尤其无比悲痛，"不少工人均流泪痛惜"。广东各地工农群众纷纷举行追悼会，仪式的隆重为广东历史上所罕见。印度、德国、苏联、摩洛哥、土耳其、保加利亚、叙利亚等国代表参加了在广州举行的追悼会，暹罗（今泰国）等国政府或领导人发来唁电，哀悼廖仲恺的逝世。中国共产党为廖仲恺遇难唁电国民党，给予廖仲恺以崇高的评价。省港罢工委员会在廖仲恺牺牲的当天向全体工人发出通电说："提起廖仲恺先生，大家都知道他是我们无产阶级的好朋友。他自身虽不是无产阶级，他却尽了他一切的力量来帮助无产阶级：他帮助工人组织工会，组织工团军；他帮助农人组织农会，组织农民自卫军；对于本会，更是尽力帮助。"

廖仲恺被暗杀后，时任军校政治部主任的周恩来当天就赶到医院探望。他对廖仲恺的牺牲非常悲痛，以个人名义亲自撰写《勿忘党仇》《沙基惨案与党代表之死》等悼文，并以党军政治部名义，接连发表了《党军为廖党代表遇害告人民》《为廖党代表遇害告革命军人》《为廖仲恺先生遇害告工农朋友们》《檄党军全体将士》等一系列文告。在这些悼文和文告中，周恩来对廖仲恺所建树的功业给予高度评价，指出廖一生革命为党，牺牲

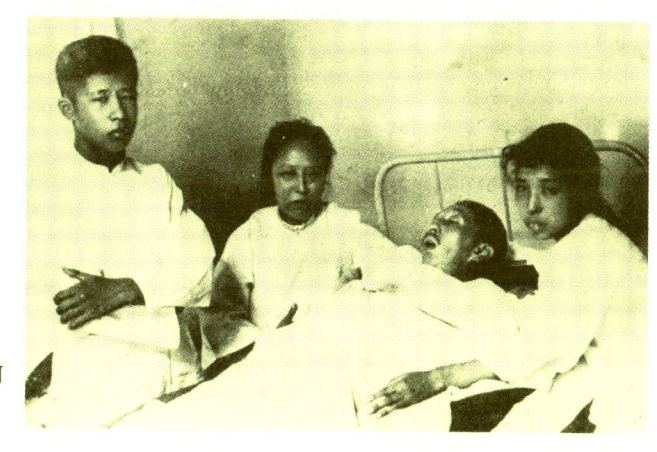

1925年8月20日，廖仲恺被暗杀逝世后，何香凝等家人在其遗体旁。

为国，是孙中山"革命志愿之继承者"，在革命斗争中"勇往直前，凌厉无比"。自国民党改组后，他建树了很大的功绩，"而最近几次反帝国主义运动，廖先生更是唯一的急先锋"。恽代英在悼文中也称颂廖仲恺是国民党中"最急进最不妥协"的领袖，"是他帮助孙中山，主张国民党改组，主张吸收一切革命分子加入国民党；在改组以后，是他惟日孜孜地尽力于工农运动，反对一切压迫贫农的地主，反对一切压迫苦工的资本家，反对一切冒名革命蹂躏人民的军阀。他因为这受了许多疑怨毁谤，却只是埋着头做上去，一直做到他被杀于反革命派之手"。这些评语是对廖仲恺革命生涯恰如其分的总结。

"廖案"发生后，广州国民党当局在鲍罗廷的参与、支持下，决定成立由汪精卫、许崇智、蒋介石组成的"廖案特别委员会"，"授以政治、军事、警察全权，以应付非常的局势"。查办"廖案"，成为压倒一切当务之急，被摆到了最重要的位置。"廖案"的侦查、审讯过程，波澜起伏，牵连面极广，并扯进了大批上层人物。

据当场被捕的凶手陈顺的口供与凶器所提供的线索查明，这次行刺事件，是一贯与土匪流氓厮混的老党人朱卓如一手布置的；并很快查明，主持暗杀活动的还有胡毅生、林直勉以及粤军将领魏邦平、梁鸿楷等人。

为了追查暗杀的幕后策划者，国民政府组织了"廖案检察委员会"，周恩来、杨匏安等共产党人都参加了。经查明，暗杀是帝国主义和国民党右派集团所为，在胡汉民家开了好几次"倒廖会议"，主要的成员有邹鲁、林直勉、许崇智、吴铁城以及国民党内其他右派成员。大部分人主张暗杀，少数不赞成，但毕竟是决定用暗杀手段了。出面组织和收买凶手的是胡汉民的堂弟胡毅生及其死党朱卓文、梁鸿楷、魏邦平等人。"他们刺死廖仲恺先生的目的，决不单是要刺死他一个人而已，而是要推翻国民政府，颠覆为民族民众利益而奋斗的政府。"

案情查明后，国民政府派军队搜查胡汉民兄弟的住宅，逮捕了胡汉民的哥哥胡清瑞和极有关系的林直勉；同时撤掉第一军军长梁鸿楷而代以李济深，扣押梁士铎和杨锦龙两个粤军统领。胡毅生、朱卓文潜逃，胡汉民也仓皇地到处躲藏，不能在广州立足。国民党右派集团的反动气焰受到沉重打击。

在中国共产党和国民党左派的努力下，国民政府下令通缉各主要凶犯，重新改编了粤军，将与凶犯关系密切、纵容和默许刺杀事件的胡汉民，及粤军总司令许崇智逐出广东。但是这次缉查与惩凶都很不彻底。主要凶犯胡毅生、朱卓文、魏邦平、梁鸿楷等，在通缉令发出之前即已逃走；汪精卫、蒋介石这两个以"左派"面目出现的隐蔽的右派，一边利用驱逐胡汉民、许崇智的机会扩张自己的权力，一边尽可能地包庇国民党内的右派势力，保护了许多与刺杀廖仲恺阴谋有直接牵连的右派头目。所以，国民党广州当局虽然兴师动众地侦缉和审讯，先后组织过"军事法庭""特别法庭""廖案特别法庭"及"军法会审"，审判"廖案"有关的疑犯，国民党中央政治会议也有所"议决"，然而，"廖案"已经判决并不等于全案已经告破。应该说，它的案情依然是不十分清楚的，有一些内幕尚未揭开，主要指使者并未被绳之以法。"廖案"一直是个悬诸史乘、未完全侦破的重大疑案。

四、功业长存，精神不死

廖仲恺被罪恶的子弹过早地夺去了生命。帝国主义和国内反动分子弹冠相庆，广大革命人民则陷入了深深的悲痛之中。

廖仲恺惨遭杀害，对于三大革命政策的坚持，对于中国国民党、国民革命军和国民政府的建设，对于国共合作、工农运动及革命运动的发展，都是巨大的损失。1925 年 8 月 21 日，中国共产党中央执行委员会致电中国国民党中央执行委员会，对廖仲恺不幸遭刺表示沉痛的悼念，集中表达了革命人民的感情。

这一事件，又从反面教育了人们，给人们上了极为重要的一课，使人们更加痛切地感到打击国民党内右派势力和肃清广东反革命是多么必要。廖仲恺的鲜血，激励着革命民众用更加坚决、果断的行动去粉碎国民党右派的反革命阴谋，实现广东革命根据地军、民、财三政的统一，在工农运动更加蓬勃高涨的基础上，发动中国历史上空前广大的人民解放斗争。

9月1日，是廖仲恺出殡的日子。参加送殡的有黄埔军校的师生、工人、农民、学生、妇女、市民群众共20多万人。行列之大，阶层之广泛，情绪之热烈、严肃、悲壮，在广州来说，都是空前的。出殡行列最前头，两个身材魁梧的人扛着巨幅白布横幅，上面写着四个大字：精神不死！人们一遍又一遍地高呼口号："同帝国主义进行坚决斗争！""我们要肃清一切反革命！"廖仲恺所流的殷红鲜血，已经变成开在人们心田中的革命之花。

廖仲恺的遗体，当时暂厝在广州沙河驷马岗他的生前好友朱执信的墓的左侧。1935年9月1日，安葬于南京紫金山孙中山陵侧（1972年9月何香凝遗体与廖仲恺合葬），为后人永久凭吊与景仰。

廖仲恺牺牲后，广州市人民在越秀南路廖仲恺牺牲处建造了廖仲恺先生纪念碑；归善县人民在廖仲恺的家乡鸭仔埗乡建造了廖仲恺先生纪念碑。廖仲恺永远活在劳动人民的心中。

1926年，廖仲恺逝世一周年时，张太雷曾发表一篇题为《廖仲恺——国民党的左派模范》的长篇论文，热情赞扬廖仲恺是国民党左派的模范。文章结合廖仲恺的革命实践，总结了他成为国民党左派模范的主要原因，就是除了信仰三民主义及主张打倒军阀和帝国主义，能够分辨反革命派与革命派，认清敌和友，能够确实团结革命派以打倒反革命派，能够把革命派的团结建筑于群众，特别是工农群众之上，能够实际参加与帮助工农及一般群众运动。所有这些总结，无疑都非常深刻而中肯，应当说，它们也正是廖仲恺革命历史光辉篇章遗留给人们的主要历史经验。

何香凝对于廖仲恺的遇难更是满怀悲愤。与廖仲恺有着师友之谊、夫妇之情、同志之爱，其所受到的打击是可以想见的。她在哀悼之余，为纪念先夫，也为了纪念廖仲恺一生热心的农工运动，特到菲律宾及南洋群岛卖画筹集资金，于1927年3月26日，在广州市河南（今广州市海珠区）创建了一所仲恺农工学校（今广东省"仲恺农业技术学院"的前身）。何香凝亲自兼任校长达15年之久。

中华人民共和国成立后，中国共产党和中央人民政府于1955年在北京举行了廖仲恺逝世30周年大会，由周恩来亲自主持，宋庆龄、董必武、林伯渠等党和国家领导人出席了大会；1982年，中共中央在广州建立了廖

廖仲恺、何香凝合葬墓。

仲恺何香凝纪念馆，追思和纪念这两位对中国民主革命作出了卓越贡献的伉俪革命家。

廖仲恺悲壮地结束了他宝贵的生命，但他功业长在，精神不死。廖仲恺献身革命共22年，是一位杰出的民主主义革命家。他的民主思想和行动，成为公认的第一次国内革命战争时期国民党左派的一面旗帜。

怎样才能称为国民党左派呢？蔡和森当时撰文指出，"左派决不是一个念头或无条件可以做到的。左派的必要条件至少有四个：（一）彻底的反抗一切帝国主义及其一切附属物军阀、买办阶级……；（二）恪守中山先生引导中国民族与世界无产阶级革命领袖苏俄携手的方针；（三）与一切反革命右派分子决绝；（四）进行保护革命中间势力的工农群众利益之政纲"，"必须具备这四个条件才是真正的国民党左派"。廖仲恺是具备了这4个条件的。他把自己的一生献给了中国民主革命事业。特别是其革命生涯后期，他真诚信仰孙中山发展了的三民主义，协助孙中山制定并坚决推行"联俄、联共、扶助农工"三大政策，促成了中国国民党和中国共产党的第一次合作，最后为把反对帝国主义、封建军阀和其他反革命派的斗争进行到底而献出了自己的生命。廖仲恺用自己的血和汗为中国民主革命，特别是为第一次国内革命战争初期的反帝反封建斗争作出了卓越的贡献，建立了不朽的功勋。历史证明，他不愧是"无产阶级的好朋友"，"是一个真正的国民革命者，是真能遵从孙中山先生的主义、政策、遗嘱而奋斗的国民革命者，是真能反对帝国主义到底以及拥护农工群众利益的国民革命者"。正因如此，他受到了共产党人和工农群众的高度赞扬，并将永远受到中国人民的崇敬和怀念。

廖仲恺一生，和蔼平易，忠诚坦率、廉洁狷介，勇猛推进。他那一心为国和勤劳廉洁的崇高品德，不愧为革命者的楷模，值得人们借鉴和学习。

廖仲恺从献身革命之日起，便抱定牺牲的决心，一心一意为了国家的统一和富强。早在同盟会时期，他就发出了"莫惜头颅"的誓言；在被陈炯明囚禁时，他写了"死生能一我何哀"的诗句；1924年秋，他在一个通电中说："二十年来，以身许党，生死毁誉，在所不计，岂复珍惜羽毛，畏难思退。"他平日做事，一经决定，便放手去做，不犹豫，不退缩，无论如何困难都百折不回，必力求达到目的而后已。威武不屈，无私无畏，一介不苟，是廖仲恺革命生涯的一个重要特点。凡是他认为对的，他总是身体力行，贯彻始终，至死不渝。他绝不为一己私利，自树派系势力；对于个人的出入进退，只以国家为重，完全以当时的革命需要为依归，"只知有党，不知有身，只知有党的敌人，不知有己身利害的"。他追随孙中山20多年，亲聆孙中山的教诲，孙中山反对帝国主义的思想和三大政策，也就是贯串廖仲恺一生行动中的思想和政策。

廖仲恺平日工作的时间，每每超过了常人，尤其是1924年前后，一身兼任党、政、军10余要职，每日工作至少十二三个小时，有时甚至十六七个小时之多。不管什么时候，只要是工作需要，他都不辞劳苦，勤勤恳恳地去做。他生活朴素，不事家人生产；个人"对衣、食都很随便，一天到晚都是谈工作，有时在饭餐间连吃了几碗饭都记不得"。他廉洁奉公，言行一致。从1912年以后，他长期执掌财政，经手的钱财何止千百万，然廉洁自守，涓滴归公，丝毫不苟，"每一度卸职移交时，没有一条不清的账目，没有一纸收条不经其签字"。他还特别劝诫当时政府的官员说："既为官吏，不宜爱钱，爱钱则民穷，民穷则国弱。"所以身死之日，家无余财。他生前所居住的广州东山双清楼（今中山二路8号，原建筑物在抗日战争时期遭毁坏）的简朴楼房，还是何香凝用从娘家所得的私蓄购置的。真是一生革命，两袖清风。

廖仲恺作为民主主义革命家，能够顺应时代潮流，成为中国共产党和工农劳苦大众的好朋友，成为历史上一位大有益于人民的人。他为了国家独立、统一和民族解放，无所畏惧，英勇战斗，其业绩作为中国人民革命事业的一部分，是不可磨灭的。他的胜不骄、败不馁，临龙潭而不惧，出污泥而不染，一心为国，威武不屈，富贵不淫，廉洁奉公，勤劳俭朴，鞠躬尽瘁，死而后已的高贵品质，更为人们所称道。正是这种思想、品德和功业相互辉映，决定了廖仲恺特有的历史地位，被人们赞誉为中华民族的一代楷模，为炎黄子孙们永远景仰和学习。他的理论遗产又是一笔宝贵的精神财富，值得后人认真地总结和汲取。

　　从廖仲恺一生的思想和活动来看，它同 19 世纪末 20 世纪初中国历史的发展进程息息相关。我们研究中国同盟会、辛亥革命和民国初年的历史，都要涉及廖仲恺这个光辉的名字。他是我国近代最受尊崇的革命家之一。他在中国近代史上的崇高地位和卓越贡献，将永远铭刻在历史的丰碑上和人民的心目中。

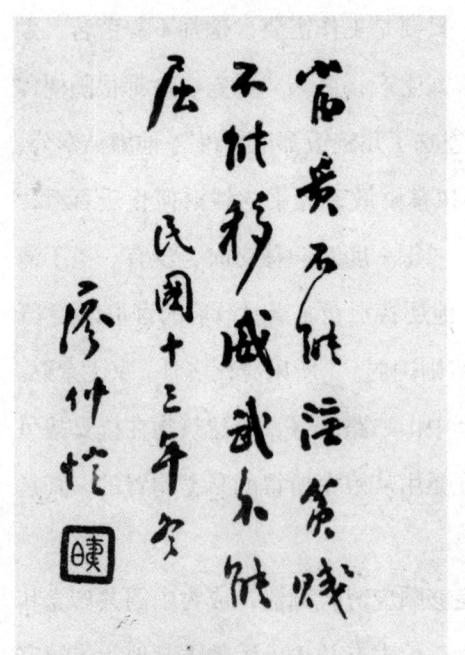

廖仲恺手迹

廖仲恺年谱简编

1877 年　诞生，1 岁

4 月 23 日（农历三月初十），出生于美国加利福尼亚州旧金山。

1885 年　8 岁

进旧金山美国学校，同时进私塾学习中文。

1893 年　16 岁

父亲廖竹宾在旧金山病故，陪同患病的母亲回到祖国。在家乡进私塾读书。

1896 年　19 岁

离开家乡赴香港求学。在叔父廖志岗的帮助下，进入英国的皇仁书院学习。

1897 年　20 岁

10 月，在广州与何香凝结婚。

1902 年　25 岁

秋，留学日本，入早稻田大学政治预科。

1903 年　26 岁

9 月，偕何香凝到中国留学生会馆参加留学生集会。初次见到孙中山，聆听他的讲演，深受鼓舞。

以后，多次偕何香凝拜访孙中山，共同讨论挽救祖国危亡的问题，听取他的革命主张。向孙中山正式提出参加革命队伍。

是月，接受孙中山的委托，在东京留学生中物色爱国志士，"结为团体，以任国事"。

1904 年　27 岁

2 月 4 日，女儿梦醒出生。

是年，受孙中山委派，辍学返天津，秘密进行革命活动。

1905 年　28 岁

8 月 20 日，同盟会在东京赤坂区正式成立。

9 月 1 日，经何香凝、黎仲实介绍，参加同盟会。

11 月，在同盟会机关报——《民报》第一号上，以"屠富"的笔名，发表了亨利·乔治的《进步与贫困》一书的部分译文。

1906 年　29 岁

年初，辍学归国，在天津的地方军队中宣传革命，并同法国社会党人布加卑取得联系。后被清政府侦知，被迫返回日本，入东京中央大学，专攻政治经济学。

1908 年　31 岁

9 月 23 日，儿子承志出生。

1909 年　32 岁

夏，在日本中央大学政治经济科毕业。旋归国，赴北京参加留学生科举考试，考中法政科举人。之后，被清政府派往东北，在边防督办大臣陈昭常幕中办理延吉归还祖国的交涉事宜。

是年，在吉林结识林祖涵。

1911 年　34 岁

10 月 10 日，武昌起义爆发。

11 月 9 日，广东宣布独立，成立军政府，胡汉民任都督。

是月，从吉林到广州，任广东军政府财政部副部长。

12 月 21 日，偕同胡汉民等赴香港迎接自欧洲回国的孙中山，并就今后行止问题进行磋商。

1912 年　35 岁

1 月 1 日，孙中山在南京宣誓就中华民国临时大总统职。

4 月 1 日，孙中山辞临时大总统职。

4 月 3 日，随孙中山赴上海。

4 月 9 日，随孙中山到武汉，会晤黎元洪。12 日离开武汉回上海。

4 月 25 日，抵广州。旋任广东军政府财政司司长，专任整顿广东的财政工作。

6 月 12 日，在讨论地税换契案的会议上，对换契的案由进行说明。

1913 年　36 岁

3 月 20 日，到上海车站送宋教仁去北京。宋教仁被袁世凯派人暗杀。

4、5 月间，奉孙中山命去北京动员议员反袁。

7 月 12 日，孙中山领导的"二次革命"爆发。

8 月 11 日，因"二次革命"失败，广东革命政府瓦解，偕何香凝与胡汉民赴香港。旋亡命日本，在孙中山领导下从事反袁活动。

1914 年　37 岁

5 月 2 日，在东京参加中华革命党。

7 月 8 日，中华革命党在东京正式成立。

9 月，参加东京赤坂区灵甫坂孙中山寓所举行的"革命方略"讨论会。

1915 年　38 岁

夏末，参加孙中山召开的中华革命党部长会议。会议决定组织中华革命军。

1916 年　39 岁

4 月 27 日，同孙中山一起乘船回国。5 月初到达上海。

5 月 25 日，奉孙中山命，赴青岛慰问中华革命军东北军。

9月8日，奉孙中山命，同胡汉民一起去北京代表孙中山与黎元洪、段祺瑞商谈国事。

9月底，代表孙中山到上海徐园慰问华侨讨袁敢死队队员，为敢死队队员解决食宿经费。

1917年　40岁

7月6日，为进行"护法运动"，随同孙中山乘"海琛号"军舰由上海赴广州。何香凝、朱执信等同行。

7月11日，致函仰光华侨饶潜川、黄德源等，请为护法运动筹款。

7月27日，致函南洋霹雳华侨郑螺生，告知孙中山电召国会议员到广州组织军政府，进行护法运动，望速筹款"以利进行而收一劳永逸之效"。

8月22日，再函饶潜川、黄德源，告知"现军兴需财孔亟，务望从速筹款，以应军用"。

9月，护法军政府在广州成立。24日被任命为财政次长，二日后又任署理财政总长。

1918年　41岁

5月4日，孙中山被迫宣布辞大元帅职。第一次"护法"宣告失败。

1919年　42岁

5月下旬，奉孙中山命准备赴四川会晤川军将领但懋辛，以谋求继续开展"护法运动"。

6月至8月，根据孙中山的授意，与朱执信、胡汉民等在上海创办《星期评论》和《建设》杂志。8月1日，《建设》杂志正式出版。

6月29日，奉孙中山命，偕朱执信赴漳州，敦促陈炯明回师广东。

7月13日，在《星期评论》第六号上发表政论文章——《三大民权》，以配合宣传孙中山的民权主义。主张在中国实现创制权、复决权和罢官权。

7月27日，在《星期评论》第八号上发表《女子解放从哪里做起？》

一文，强调女子要靠自己的力量去斗争，自己解放自己。

是月，在《建设》杂志第一卷上发表《全民政治论译本序》，再次强调实现"创制权、复决权、罢官权"的重要，认为这三权乃是"政治上之防腐剂"。

在8、9月份的《建设》杂志上，发表《中国人民和领土在新国制建设上之关系》的长篇论文，系统地阐述了加强国家经济建设的思想。

10月10日，在《星期评论》纪念号（二十号）上发表《革命继续的工夫》一文，指出武昌起义只是赶走了一个清朝皇帝，而"民权、民生两主义，到今连一点影响也寻不出来"，所以这"革命的功夫还是没有做够"，还要继续做下去，直到实现革命主义为止。

10月13日，应邀在上海女子青年会演讲，较系统地介绍了西方资产阶级的议会制度。

在10、11月份的《建设》杂志上，发表《钱币革命与建设》的论文，主张以货物为基础发行纸币来代替硬币，以去外国银行之掣肘，解决中国财政经济之困难。

1920年　43岁

1月，撰写《国民的努力》和《中国和世界》两篇文章，指出国民经济建设落后的原因，"就是政治上的障碍"；强调"把政治上的障碍物扫清，这是我们应努力的第一着"；并提倡发动群众，"靠着很大群众的力量"来加强"国家建设"。

2月1日，在《建设》杂志第二卷第一号上发表《答胡适论井田书》，认为井田制在中国古代确实存在。不同意胡适关于井田制是孟子的"托古改制"、战国时代的"乌托邦"之说。

春，致函南洋霹雳华侨李源水，为孙中山在上海创办英文杂志和印刷厂筹款。

6月29日，奉孙中山命，与朱执信一同赴漳州，促陈炯明率部回粤，讨伐桂系军阀，并为陈炯明部队筹募军饷。

1921年　44岁

5月，广东革命政府正式成立。被任命为财政部次长（代理部长），随后又兼任广东省财政厅厅长。

7月20日，受孙中山委派，与何香凝赴广西梧州劳军。

10月15日，随孙中山乘军舰沿西江山巡广西，17日抵梧州。筹划取道湖南北伐。

11月1日，奉孙中山命，和汪精卫回广州筹措军饷。

11月23日，致电蒋介石（时蒋在浙江原籍），促其速回广州参加北伐。

1922年　45岁

4月3日，致函蒋介石，劝其留在桂林军中，不要回广州，以便协助孙中山北伐。

4月13日，致电陈炯明，说明孙中山率军由桂林回师广州，"意旨在添调军队图赣"，并劝其来梧州与孙中山会面。

5月8日，致电上海蒋介石，催其速回广州。

5月16日，再电蒋介石，催其速回广州（蒋介石于5月9日致书廖仲恺，反对北伐）。

5月31日，复电蒋介石，告以不能停止北伐，催其速回广东（蒋介石于5月25日又致电汪精卫、廖仲恺等，要求停止北伐，回师广州）。

6月1日，复电蒋介石，指出，"前方根本，统筹兼顾，实不可无人"，望即日回粤。

6月14日，接陈炯明电邀赴惠州，甫抵石龙，即被扣押。旋被押送到石井兵工厂监禁。

6月16日，在狱中获悉陈炯明叛乱，即作《壬戌六月禁锢中闻变有感》

诗4首，斥责陈炯明背叛革命，表示誓同军阀斗争到底。

自6月中旬被监禁，到8月中旬始获释。在这期间，写下了《幽禁中感赋》《留诀内子》《诀醒女、承儿》《题扇》《有感》《如此江山——题白云远眺图》《曲缕曲——题八大山人松鼍图》《迈陂塘——题北郭秧针图》《渔家傲——题画》《卖花声——题画》《一剪梅——题五层楼图》等10余首诗词，表示反对封建军阀的坚强意志和决心。

8月18日，在何香凝等人的营救下获释。

8月19日，凌晨3时离开广州，乘船赴香港。旋转赴上海，与孙中山会合。

8月29日，奉命南归。在时值七夕的送行宴会上，赋《蝶恋花》一曲云："冷雨敲窗风扫叶，未算凄凉，莫便凄凉说。待到风消和雨歇，菰蒲犹复争秋热。天上双星今夜合，不到人间，我又伤离别。听唱阳关频击节，暗中却自拼愁绝。"

8月30日，致函浙江蒋介石，劝其回上海协助孙中山工作。信中指出："时事瞬息万状，而尤以军队情形为然，非日夕与各方消息接触，恐少逊随机应变之妙用。"

9月14日，致函蒋介石，促其速回上海孙中山处工作，指出：若"人人如此，则先生左右可无一人矣！"

9月18日，致函蒋介石，告以胡汉民与汪精卫昨日从杭州回沪，商定与浙江督军卢永祥、奉军首领张作霖各派一人，"在沪组织军事委员会，以资联络进行"。

9月底，奉命去日本，同苏俄特使越飞会谈。遂以为侄女承鼍完婚为名，偕何香凝、许崇清乘船东渡。在舟中赋《虞美人》词一曲云："兰舻百尺凭都遍，目送吴江远。白鸥追逐呢喃，欲问海波何处漾深蓝？山形树势随舵改，日上孤云碍。画船付与载鸳鸯，不载秋风秋雨惹人伤。"流露出将远离祖国去执行一项特殊使命的复杂心情。

10月10日，在其侄女承麓（廖思焘之女）的纪念册上填《忆江南》一阕云："江南忆，十一载今朝。画角吹残珠海月，战云荡漾汉江潮，人尽识天骄。"表达其回忆辛亥革命的战斗岁月，对反清革命英雄人物的敬佩之情。

10月24日，在日本中国公使馆参加承麓和许崇清的结婚典礼，并即席赋《千秋岁》一阕，以祝偕老。

秋，偕陕中将领路孝忱（丹甫）、侄婿许崇清和侄女承麓同登日本箱根山顶，即景赋《黄金缕》一曲。

11月上旬，回国抵上海，向孙中山汇报同越飞的会谈情况。

11月19日，奉孙中山命，赴福州劳军，慰问许崇智部，并受命劝说东路讨贼军第一军军长黄大伟去上海。

年底，由福州赴泉州，沿途所见，皆是"颓垣断井"，甚是凄凉，遂赋《青玉案》一词，以表衷情。

1923年　46岁

1月23日，被孙中山任命为国民党参议。

1月27日，带领女儿梦醒乘船赴日本热海，2月1日到达日本，再次同越飞会谈了1个月左右。

2月26日，在日本致函蒋介石，告知归国后"拟偕兄赴粤一行，商赴欧事"。

3月1日，被任命为财政部部长。

5月7日，调任广东省省长。

6月27日，随孙中山到江北军中巡视，并奉命颁发"临时军律"6条。

秋，致函财政部长叶恭绰，催其速将所筹之军饷"饬交到署，以便转发解赴前敌"。

10月10日，出席在广州召开的国民党恳亲大会，代表孙中山在大会上发表演说。

10月12日，制定《广东都市土地税条例草案》，呈报孙中山，请准予先在广州市试办。

10月24日，受孙中山委派，负责筹划改组国民党事宜。

10月25日，在广州财政厅主持国民党的特别会议，讨论国民党改组的宗旨和目的；并在会上就国民党之改组问题作了重要发言，强调国民党的改组十分必要。

10月27日，被任命为大本营筹饷总局总办。

10月28日，主持在广州市政厅召开的国民党临时中央执行委员会第一次会议，宣布临时中央委员会正式成立，讨论了改组的具体问题。

11月1日，主持临时中央执行委员会第二次会议，作了改组工作的报告。

11月5日，主持临时中央执行委员会第三次会议，报告第二次会议决议案，再一次强调国民党的改组非常必要。

11月11日，主持中国国民党广州市全体党员大会，讲述孙中山关于改组国民党的训词，又一次强调改组的重要性。

11月29日，奉孙中山命，赴上海与各省支部商讨改组问题。受临时中央执行委员会委派，在上海召集胡汉民、汪精卫、张继、叶楚伧、戴季陶5人，成立上海临时执行部。

12月9日，在上海国民党中央第十次干部会议上，报告国民党改组的意义以及所采取的具体措施。

12月20日，致电蒋介石，指出："鲍君（指鲍罗廷——引者）有事与商，学校亟待开办，无论如何，乞即买舟来沪，同伴南行。"

12月22、26日，与汪精卫、胡汉民联名致函蒋介石，催促速回广州，商议筹办军官学校事宜。

12 月 23 日，在上海湖北会馆召开的党员大会上演说，强调改组党务是本党最重要的问题。

12 月 28 日，致函蒋介石，再次劝促速从宁波动身来沪，同赴广州，商议军校事宜，指出"万不能再延，否则事近儿戏"。

12 月 31 日，从上海乘船回广州。

1924 年　47 岁

1 月 20 日，中国国民党第一次全国代表大会在广州开幕。

是日下午，在代表大会上发言，强调要想明确国民党改组的重要意义，就"必先求其原理"，对国民党改组的原委和必要性作了长篇发言。

1 月 28 日，在大会讨论《中国国民党章程草案》时，坚决支持孙中山的"联俄""联共"政策，痛斥右派分子反对"联共"政策的谬论，指出"只有联合其他革命政党的力量，我们才能实现革命"。

1 月 29 日，被任命为大元帅大本营秘书长。

1 月 30 日，在大会上继续发言，强调要取消租界；主张外国人在中国领土内要服从中华民国的法律。

1 月 31 日，在孙中山主持召开的国民党执行委员会第一次全体会议上，被指定为执行委员会常务委员。

春，因党事赴沪，柳亚子出其所存江楼秋思图，属题。为填《临江仙》一阕与之。

2 月 20 日，被委派兼任大本营筹饷总局总办。

2 月 23 日，受孙中山委派，任黄埔军官学校筹备委员会代理委员长，负责建校，并开始办理招生事宜。

2 月 24 日，在广州主持追悼列宁大会，在演讲中高度评价列宁的革命精神，号召人们向列宁学习。

2 月 25 日，致电蒋介石，要其对"来沪之军官学生，即详就近考验，事竣即归"。

3月7日，致电胡汉民，指出"军校势成骑虎"，请催蒋介石速回广州视事。

3月10日，致电上海国民党执行部转属蒋介石，说"军官及学生到粤投考者二百余人，候已一月，旅费用罄，纷纷函诘，无从置答。现已定期本月24日考军官，27日考学生，请先期在沪考试毕即归，毋负远来考者以损党誉"。对蒋介石的怠工态度提出警告。

3月16日，主持召开广东工人党员大会，发表《工人对于国家的责任及团结之利益》的演说。

3月17、18、21日，连续三次致电蒋介石，催其速回广州办理军校事宜。

3月21日，复函蒋介石，回答和驳斥蒋3月14日的信中所提出的问题。规劝蒋要听"良友之忠告"，"反省以求己过"；否则，"于国家，于个人皆无进步可言"。并指出，"兄等皆去，而又何以责人也"，批评他逃避工作反而责怪别人的行为。

3月24、26、30日和4月1日、3日，连发五电致蒋介石，催速回广州办理军校的考试等事宜，指出："经费不乏，尽可安心办去。"

4月3日，在岭南大学学生会公宴席上，就"史坚如石像开幕"作演说，号召青年学生要"以先烈史坚如的精神为模范"，"步武先烈"，继续前进。

4月21日，被委任为法制委员会委员。

5月1日，在广州主持召开全市工人代表大会，庆祝五一国际劳动节。担任工人代表会主席。

5月4日，拟定《广东都市土地税条例草案》。草案的《理由书》指出：孙中山"创平均地权之说，以为改良社会经济之方，整理国家租税之具，其要旨系土地皆有税，且重课其不劳而获之收益"。该条例于7月2日正式公布。

5月9日，被孙中山委派，任驻黄埔军校党代表。

同时，领衔同工人代表会 200 名代表一起，发出《支援江门油业工人通电》，要求政府严惩惨杀参加五一节游行工人的江门油业资本家及商团，"以为惨杀劳工者戒"。

5 月 11 日，在黄埔军校作《救国三要件》的演说，强调"统一的组织，统一的意志，统一的精神"，认为此三事，是救国之要件。

5 月 15 日，在黄埔军校发表《作事必须有恒心》的讲演，号召学生坚定不移地执行孙中山的革命主义和革命政策。

是月，偕农民部秘书罗绮园去佛山浦乡，支持建立农民武装。

6 月 13 日，任广东省省长。

6 月 24 日，在黄埔军校作《革命党应有的精神》之演讲，强调学生进黄埔军校的目的，"并不是为做官"，而是"为救国"。

7 月 1 日，国民党中央政治委员会成立，被任命为政治委员会委员。

7 月 11 日，受孙中山指派，任军事委员会委员。

是月，孙中山正式颁布《农民协会章程》。之后，曾去香山县发动广大农民组织农民协会，大力支持农民运动。

8 月上旬，以广东省省长名义，命令禁止成立商团联防总部。

8 月 21 日，复电旅沪粤商，指出："陈廉伯谋为不轨，业查有确据。政府为维持治安计，在所必惩。"

8 月 23 日，致电各属商会、商团，指出"陈廉伯包藏祸心，私运军火"，声言要"推倒现政府，自充省长"，"陈恭受自称攻城总司令"，还大造谣言，攻击政府。二陈"逆迹昭著，实属罪不容诛"。并提醒各埠商民，要"保明大义"，不要为奸人煽诱。

8 月 23 日，以广东省长名义，通电缉拿陈廉伯、陈恭受。

同日，再次致电各属商会、商团，说明"陈廉伯私运军械，业经明令通缉"。要求各属商会商团"联络地方军警，共除败类，力保公安"。

8月24日，3次致电各属商会商团，说明各属商会商团"一致拥护政府，并无歹人煽惑附和"。

8月25日，致电广州总商会，指出："陈廉伯、陈恭受阴谋内乱，煽动罢市，政府为保持治安计，自应酌量戒备。"

8月26日，和蒋介石拟定《中国国民党员义务兵役制大纲草案》，呈请中央执行委员会议决实行。

8月29日，因严办商团叛乱的主张受到国民党右派的阻挠，愤而向孙中山面辞广东省省长职。

是月，在香山县农民代表会议上，作《农民解放的方法》的演说，指出，组织农民协会，就可以解救农民的苦难。

夏，发出《统一广东财政通电》，强调指出，目前各军把持财政，将会导致"万丈长堤，溃于蚁穴"的结局。呼吁各军交出财权，共同维持财政统一。

9月12日，受大元帅令，任中央军需总监、财政部部长及广东财政厅厅长。

9月13日，为谋广东省的财政统一致电各军，责令核实兵额，交还财权。

9月17日，因杨希闵、刘震寰等滇、桂军阀把持财政，反对财政统一，发出《辞财政部长职通电》。通电指出：解决粤省财政困境的根本措施，是实现财政统一与各军核实兵额，按实有兵数领饷。

10月10日，广州商团枪杀庆祝双十节游行的群众，"双十惨案"发生。孙中山下令成立革命委员会。受孙中山委派，任革命委员会全权委员，负责处理商团叛乱事件。

10月15日，在革命委员会的领导和工农群众的支持下，迅速平定了商团叛乱。

是月底，奉孙中山命，复专任国民党中央执行委员会常务委员。

11月10日，孙中山发表《北上宣言》，坚持反帝反封建和统一祖国的政治立场。

11月11日，被任命为所有党军、各个军官学校和讲武堂党代表，大元帅大本营参议，国民党中央农民部长。

是月，以国民党中央农民部部长的身份，致函中央直辖第三军王天任，命令速将逮捕的农会会员徐基、李松兴、何炳荣三人释放。

12月14日，致函代大元帅兼广东省省长胡汉民，要求政府将杀害芳村农民协会执行委员林宝辰的崇文两堡联团局局长彭础立、副局长苏春荣扣押，"令其交出凶手，并将该两堡联团局封禁，以为白昼任意杀人、阻碍农民运动者戒"。

是月，在粤军讲武堂特别区党部成立典礼上讲话，强调主义之能否实行，则在乎党人之信仰坚与不坚，党人对于党之主义明与不明。

冬，在黄埔军校作《帝国主义侵略史谈》的演讲。演讲中列举大量事实，揭露帝国主义的侵略罪行。

是年，应实业部部长的邀请，作《中国实业的现状及产业落后的原因》之演讲，指出，中国实业之不能自由发展的基本缘故，是"因为国家政治上的原因，有以致之"，并强调"政治上的问题不解决，则经济上的问题也不能解决"。

1925年　48岁

1月10日，在黄埔军校作政治演讲，指出"党员对于党之主义，必须明白然后可能为党奋斗"。号召党员要热心"研究党之主义及党之纲领"。

1月23日，致电梁鸿楷部第三师师长郑润琦，命将广宁县反动地主首领江淮英、江汉英逮捕，交军事委员会（专为解决地主破坏农民运动而成立）审讯。

2月1日，广东革命政府第一次东征开始。

是月初，闻讯孙中山在北京病重，特电致意，并拟北上侍疾。孙中山复电阻止，指出："广东不可一日无仲恺。"旋着何香凝到北京侍奉病中的孙中山。

3月2日，在《民国日报》副刊《觉悟》上，发表《各派社会主义与中国序——试从孙文主义出发的一种新研究》一文，指出中国这时代，"若能够有所树立，除非是建一社会主义的国家，依科学的组织，用集合的方法，解决生产问题不可"。

3月5日，驰赴东江前线劳军；勉励东征各军要乘胜追击，扫清残敌。

3月12日，孙中山在北京逝世。

3月13日，亲临棉湖前线指挥东征军作战，消灭了陈炯明叛军主力林虎部，棉湖之战取得辉煌胜利。

3月14日，随军至马路（小村镇）。晚9时，与蒋介石商议战事。

3月16日，在东江视师中，对教导团全体官兵发表演说，指出棉湖一战，"能够消灭十倍与我之强敌"，乃是"各同志平日受党中主义感化的精神，为人民奋斗的结果"。

3月21日，主持了中国国民党第一届执行委员会第六十九次会议。通过反对联治派的《本党对联治派决议案》。在这次会议上，还提出"改香山县为中山县，由党实行模范政治，以实行党纲，训练实际政治人才"一案，当即通过。

3月22日，与胡汉民、许崇智、谭延闿、蒋介石等联名通电，声明："谨遵总理遗志，继续努力革命。"

3月26日，主持中国国民党中央执行委员会第七十次会议，通过《反对唐继尧通电就副元帅职案》。

3月30日，在国民党中央执行委员会第七十一次会议上提议，"请将香山县翠亨乡总理生长故居，永久保存"。

3月下旬，对黄埔军校第三期入伍生训话，强调对于孙中山革命主义的完全信仰"是很要紧的"，并反复说明，革命者应首先"革了自家的命，才配革人家的命"。

4月5日，出席黄埔军校追悼孙中山大会。

4月6日，主持中国国民党中央执行委员会第七十三次会议，提出和通过建立党军案。

4月14日，受中国国民党中央执行委员会任命，担任党军党代表。

4月15日，发表《孙文主义丛刊序》，号召加强对孙文主义的研究和宣传。

4月18日，赴东江视察后自汕头返广州，同蒋介石商议并筹划工作。

4月22日，为甘乃光编《孙中山先生文集》作序。序中称赞孙中山具有"崇高之人格，伟大之思想，革命之精神"。

4月28日，在粤军总司令部行营同许崇智、蒋介石开会，决定回师广州，讨伐桂军刘震寰、滇军杨希闵。

是月，训勉黄埔陆军军官学校全体同学，要实行孙中山遗志，完成国民革命。

5月12日，因滇军杨希闵、桂军刘震寰自4月26日起擅自调兵密布广州，局势十分危急，偕朱培德等赴汕头，与胡汉民、谭延闿、蒋介石等会商解决广州紧急局势。

5月14日，与许崇智、朱培德、苏俄顾问加伦将军等在汕头粤军总部行营，会商各军回师广州计划，决定除粤军一部分仍留驻潮梅外，大部兵力回师广州，参加讨逆。

5月18日，中国国民党中央执行委员会在广州召开第三次全体会议，通过决议：一、接受孙中山遗嘱，以孙中山遗教为最高指导原则；二、重申1924年8月二中全会关于联共之决议。强调"本党为使国民革命迅速成功，不能拒绝任何派别之革命主义者加入"。

5月20日，在《革命周刊》第一期上发表重要的政论文章——《革命派与反革命派》，文中明确指出："革命实在是我们唯一的出路，我们不独要革军阀与帝国主义者的命，我们并且要革'反革命派'的命，这才是彻底的革命工作。"还深刻地揭露国民党内有种"自诩为老革命"的人，不过是一群"摆出革命的招牌"，干着"勾结官僚军阀与帝国主义者，及极力压抑占我国最大多数的工农界"的"反革命派"。

6月2日，以工人部部长的身份，"策动广九、广三、粤汉三铁路及两河近海船舶员工同时罢工，以断绝刘震寰、杨希闵部队之调动"。

6月12日，广东革命政府平息了杨希闵、刘震寰的叛乱。

6月13日，在行馆会晤蒋介石，洽谈工作。

6月14日，参加大本营召开的政治会议。"会议决定成立国民政府，并令各军将财政、民政、交通等机关交还政府。"

同日，中国国民党中央执行委员会就统一广东财政、民政和交通机关发出训令。

6月19日，在共产党人苏兆征、邓中夏等人领导下，香港开始大罢工。罢工工人纷纷返回广州。

6月21日，与汪精卫、胡汉民、许崇智等研究改组政府和有关人选问题，决定实行委员制。

同日，广州沙面中国工人开始罢工。

6月23日，英帝国主义者用机枪扫射我国群众游行队伍，"沙基惨案"发生。

7月1日，大元帅府正式改组为中华民国国民政府。被任命为常务委员和财政部部长。

7月2日，率黄埔军校全体官生士兵，通电抗议英帝国主义者的暴行。

7月3日，国民政府成立军事委员会，被任命为军事委员会常务委员。

7月15日，在省港罢工委员会代表大会上作报告，强调此次罢工比推翻清朝，打倒袁世凯等都重要；高度评价罢工工人的斗争精神"难能可贵"。号召"各工友要聚精会神去奋斗"。

省港大罢工发生后，被聘请为罢工委员会顾问。全力支持省港大罢工。

8月1日，在省港罢工工人代表第七次大会上，就关于加强对罢工运动的领导和部署问题提出提案。主张对于罢工的领导"要有统一之作战计划，统一的号令"。"关于货物之输入输出、船舶之往来，应有统一之特许机关，以收攻击香港、维持广东之效"。

8月3日，在第四十期《工人之路特号》上公布《在省港罢工工人代表第七次大会上的报告》，强调"此次的罢工，是非常重大的罢工"，所以，"要有统一的计划与号令，才可以得到胜利"。

8月14日，在省港罢工委员会招待各界时，以《最后一篇的教训》为题发表讲演，强调这次罢工的目的，是"取消一切不平等条约，为国家政治上、经济上谋独立"，指出"我们现在要谋取消不平等条约与打倒帝国主义，只有用和平打仗的一个方法——罢工"。要求工商合力去做，一齐努力向前奋斗。

是月，就关于工农兵大结合问题，在省港罢工工人代表第十次大会上作报告，指出要扑灭反革命势力，"只靠兵士去打仗，很难得到胜利，惟有工农兵的大联合，始可达到成功"。

8月15日，对广州中山大学师生发表演说，题为《要做革命的人，不要学鹦鹉》。

8月19日，为给黄埔军校筹款，工作至深夜。

8月20日，上午8时许，偕何香凝去参加国民党中央常务会议，9时许，在中央党部大楼门前遭到暴徒的突然袭击，中弹牺牲，以身殉国。终年48岁。

遗体暂厝广州朱执信墓侧。1935年9月1日安葬于南京紫金山孙中山陵侧。